KETOGENE ERNÄHRUNG

Anabole Ernährung Für Fettreduktion

(Schnell Und Unkompliziert Zu Mehr Attraktivität Und Anerkennung)

Marko Schwab

Published by Knowledge Icon

© **Marko Schwab**

All Rights Reserved

Ketogene Ernährung: Anabole Ernährung Für Fettreduktion (Schnell Und Unkompliziert Zu Mehr Attraktivität Und Anerkennung)

ISBN 978-1-990084-85-0

All rights reserved. No part of this guide may be reproduced in any form without permission in writing from the publisher except in the case of brief quotations embodied in critical articles or reviews.

Legal & Disclaimer

The information contained in this book is not designed to replace or take the place of any form of medicine or professional medical advice. The information in this book has been provided for educational and entertainment purposes only.

The information contained in this book has been compiled from sources deemed reliable, and it is accurate to the best of the Author's knowledge; however, the Author cannot guarantee its accuracy and validity and cannot be held liable for any errors or omissions. Changes are periodically made to this book. You must consult your doctor or get professional medical advice before using any of the suggested remedies, techniques, or information in this book.

Upon using the information contained in this book, you agree to hold harmless the Author from and against any damages, costs, and expenses, including any legal fees potentially resulting from the application of any of the information provided by this guide. This disclaimer applies to any damages or injury caused by the use and application, whether directly or indirectly, of any advice or information presented, whether for breach of contract, tort, negligence, personal injury, criminal intent, or under any other cause of action.

You agree to accept all risks of using the information presented inside this book. You need to consult a professional medical practitioner in order to ensure you are both able and healthy enough to participate in this program.

Table of Contents

Wie unterscheidet sich die ketogene von normaler Ernährung? 1

Kapitel 1 – die gute Dinge über einer Low Carb Diät .. 10

Bei Verwendung als medizinische Behandlungen für große Beschwerden 12

Für lebensstilbedingte Krankheiten 14

Mehr gesunde Vorteile: 16

Choco-Protein Chia Pudding 19

Zutaten: 19

Anfahrt: 19

Rührei mit speck 20

Montag - Mittagessen 21

Mittagessen: Lachsfilet mit Joghurt-Dip 24

Grüne Eier und Butter 27

Keto Haferbrei 30

Warum dies gut für Sie ist 33

Makronährstoffe in Relation: 35

Gemüse-Salat mit Quinoa infundiert 37

Zutaten: 37

Dressing: 37

Anfahrt: 38

Donnerstag – Frühstück 39

Chicoreesalat mit Trauben und Mango 42

Schoko-Mascarpone-Crème 44

Tunfisch mit Kichererbsen, Oliven und Romansalat ... 45

Anstrengenden Tag Fisch gebacken 46

Zutaten: 46

Anfahrt: 46

Samstag – Abendessen 48

Überbackene Endivien 50

Tomaten-Eier-Salat mit Schnittlauchröllchen 52

Eintropfsuppe 54

Keto Kokosnuss Jogurt 56

California-Nudelsalat 57

Zutaten: 57

Dressing 57

Anfahrt: 58

Mittwoch – Frühstück 59

Cremiges Schoko-Dessert.. 61

Zander in sahniger Kerbelsauce 63

Kohlenhydratarmer Erdbeer-Pekan-Käsekuchen 65

Herzhafte Hühner- und Gemüsesuppe...................... 68

Zutaten: 68

Zubereitung: 69

Spargelpfanne mit Garnelen und Pilzen 70

Knuspermüsli 72

2-Ingwer-Möhren-Omelett 75

Avocado im Speckmantel 76

Gefüllte ketogene Hähnchenbrust Tomate Mozzarella
.... 78

Freitag – Mittagessen 80

Frühstückspizza ohne Milch 82

Bullettproof Kaffee 84

Pfifferling-Auflauf mit Gemüse 86

Mixer-Pfannkuchen 88

Zutaten: 88

Anfahrt: 88

Pilzomelettes mit Schnittlauchröllchen 89

Waffeln 91

Vegane Protein Pancakes 93

Grüner Smoothie 95

Ketogene Mini-Frikadellen 97

Keto Meeresfrüchte-Omelett (2 Portionen) 99

Tzatziki 101

- Zander mit Rucola und Kapern 103
- Pilz Stroganoff 105
- Zutaten: 105
- Zubereitung: 105
- Sommerfrühstück mit Erdbeeren und Hüttenkäse ... 106
- Italienische Pizza 107
- Zucchini-Porridge mit Beeren 109
- Ketogener Cheeseburger mit Ei und Speck 111
- Pfannkuchen mit Frischkäse (4 Portionen) 113
- Gratinierte Zucchini Fächer 115
- Flanke Steak-Spinat-Salat 117
- Rotkohlgemüse mit Nüssen und Créme Fraîche 119
- Lamm aus dem Ofen 121
- 12-Bacon-Brokkoli Salat 123
- Keto Tassenbrot 125
- Ketogener Schellfisch mit Pistazienkruste 127
- Paleo Brot 129
- Slow Cooker Rindfleisch-Eintopf 131
- Zutaten: 131
- Anleitung: 131
- Grill Hähnchenspieße 133
- Hähnchen Blumenkohl Auflauf 136

Avocado-Salsa 138

Champignon-Salat 140

Den Speck darüber streuen und servieren. 142

Frischkäse mit Butter Kürbis Pfannkuchen 145

Anleitung: 145

Knusperfisch auf Rauke 146

Wraps 148

Tomaten mit Ziegenfrischkäse und Zwiebeln 150

Keto Brat Halloumi Käse mit Pilzen (2 Portionen) 151

Türkisches Menemen (Rührei) 153

Zoodle Salat et Speck Bleu 155

Zutaten: 155

Schritte: 155

Erdbeeren süß-würziger Balsamico-Zoodle 156

Schritte: 156

Italienisches Huhn 158

Mini – Nuss – Pancakes 160

Feldsalat mit geräuchertem Tofu 161

ketogene Brötchen 162

Tropischer Fruchtquark 163

Champignon Suppe 164

Zoodles mit Soße 167

Russischer Feinkostsalat 169

Fisch mit Cashewsauce und Tomaten (4 Portionen). 171

Ketogener Burger Rezept für 4 Portionen: 174

Eiweißomelett mit Pilzen 176

Blaubeer- Pancakes (Vegetarisch) 178

Schmackhafte Feta-Souvlaki-Spieße........................ 179

Wie unterscheidet sich die ketogene von normaler Ernährung?

Die ketogene Ernährung unterscheidet sich sehr stark von der normalen Ernährung. Die größte Differenz liegt in der Aufnahme von Kohlenhydraten, die in der normalen Ernährung als wichtige Energielieferanten dienen, in der ketogenen Ernährung jedoch fast nicht zu finden sind. Normalerweise besteht die Nahrung etwa zur Hälfte aus Kohlenhydraten, während in der ketogenen Ernährung nur maximal 20-30 g Kohlenhydrate pro Tag aufgenommen werden dürfen. Da Kohlenhydrate nur einen sehr geringen Teil der ketogenen Ernährung ausmachen, müssen andere Lieferanten die nötige Energie bringen: Fette. Sie machen bis zu 90% der Ernährung aus, wenn Sie sich für die ketogene Lebensweise entscheiden.

Weil der Körper in der ketogenen Ernährung seine Energie aus den Fetten gewinnt und kaum Zucker aufgenommen wird, bleibt die Insulinausschüttung konstant gering. So kommt es zu einer starken Fettverbrennung und entsprechenden Gewichtsverlusten. Mit der ketogenen Ernährung können Sie also gezielt abnehmen und die lästigen Fettpolster abbauen.

Wenn sich der Körper in die ketogene Stoffwechsellage begibt, können Sie eventuell Veränderungen feststellen. Wenn die Glykogen Reserven im Körper aufgebraucht sind, fängt dieser an, die Energie, die er braucht, aus anderen Quellen zu beziehen. Dabei handelt es sich vor allem um Fettsäuren, zu deren Verarbeitung der Körper neue Enzyme bilden muss. Das setzt eine Umstellung des Stoffwechsels voraus, die während des Umbruchs einige Nebenwirkungen mit sich bringen kann. Kopfschmerzen, Schwäche und Müdigkeit können in dieser Zeit auftreten, weil der Körper noch nicht in der Lage ist, ausreichend Fette aufzuspalten und sich entsprechend zu versorgen.

Doch keine Sorge: Nach einer Weile der Anpassung wird Ihr Körper sich an die Ernährungsumstellung gewöhnen und die Versorgungslücke schließen können. Die Fettsäuren werden dann effizienter verwertet und durch die Ketogenese steigt die Konzentration der Ketonkörper an in Ihrem Organismus an. Die Ketonkörper werden in der ketogenen Ernährung als Hauptquelle für die Energie anerkannt und optimal verwertet, sodass Ihr Gehirn, die Muskeln und alle Organe wieder auf höchstem Leistungsniveau arbeiten können.

4 Arten der ketogenen Ernährung

Nicht jedem fällt es leicht, sein Leben komplett und radikal auf ketogene Ernährung umzustellen. Das kann ganz persönliche Gründe haben – oder auch praktische. Wenn Sie glauben, dass die ketogene Ernährung für Sie nicht konsequent umsetzbar ist, haben Sie die Möglichkeit, eine leichtere Ernährungsumstellung zu wählen. Wir möchten deshalb an dieser Stelle die vier gängigsten Arten der ketogenen Ernährung vorstellen. Diese vier Arten sind die populärsten und die, die wissenschaftlich beschrieben sind. Jede Variante hat sowohl Vor-, als auch Nachteile und lässt sich unterschiedlich leicht umsetzen. Natürlich sind auch die Auswirkungen der unterschiedlichen Arten der ketogenen Ernährung entsprechend individuell. So können Sie selbst entscheiden, welche Art der ketogenen Ernährung am besten zu Ihrer Persönlichkeit und Ihrem Lebensstil passt und sich gut in Ihren Alltag integrieren lässt.

1) Die Standard ketogene Ernährung

Bei der Standardvariante der Keto-Ernährung wird vor allem auf die natürliche Herkunft der Lebensmittel geachtet. Als Grundlage werden maximal 50g Kohlenhydrate pro Tag angesetzt. Der Rest der Nahrung sollte aus einer guten Verteilung der Makro-Nährstoffe bestehen. Dabei sind fettreiche Milchprodukte ebenfalls erlaubt.

Durch die einfache ketogene Ernährung kann Ihnen der Einstieg in die neue Ernährungsweise gut gelingen. Es gibt für diese Variante zahlreiche Rezeptbücher mit jeder Menge kreativer Ideen und eine gute Auswahl an Lebensmitteln, die Sie essen dürfen. Deswegen handelt es sich bei dieser Art der ketogenen Ernährung um die, die am einfachsten umgesetzt werden kann und sich daher am besten für Einsteiger eignet. Wenn Sie erst einmal ausprobieren wollen, ob die ketogene Ernährung das Richtige für Sie ist, ist die Standard-Variante am Anfang sicherlich die beste Wahl. Sie müssen nur wenige Richtlinien beachten und haben die Möglichkeit, zahlreiche Speisen nach Anleitung zuzubereiten. Einige der besten Rezepte für die Standard ketogene Ernährung, die Ihnen den Start erleichtern werden, finden Sie sogar im weiteren Verlauf dieses Ratgebers.

Einen Minuspunkt gibt es bei der Standard ketogenen Ernährung jedoch: Fettreiche Milchprodukte können uneingeschränkt gegessen werden. Das kann bei einer unkontrollierten Zufuhr zu allergischen Reaktionen oder Überkonsum führen und die Blutfettwerte gefährlich erhöhen. Sie sollten daher die Aufnahme von fettreichen Milchprodukten in der Standard ketogenen Ernährung kontrollieren, auch wenn es offiziell keine festen Beschränkungen gibt.

Die Standard ketogene Ernährung ist von den vier Arten am besten für Einsteiger geeignet. Sie lässt sich am leichtesten umsetzen und macht die Umstellung daher so einfach, wie möglich. Sie fühlen sich in der Lebensmittelwahl nur leicht eingeschränkt und empfinden die Ernährungsumstellung nicht als unangenehm. Nach dem erfolgreichen Umstieg können Sie immer noch schrittweise weitere Veränderungen vornehmen. Die Standard ketogene Ernährung ist außerdem für Sie die richtige Wahl, wenn Sie nicht stark übergewichtig sind und eine Gewichtsreduktion nicht das oberste Ziel der Ernährungsumstellung ist.

2) Die mediterrane ketogene Ernährung

Bei dieser Variante der ketogenen Ernährung handelt es sich um eine etwas eingeschränktere Form, bei der vor allem Beeren, Kräuter, Fette und grünes Gemüse gegessen werden soll. Als Fettquellen werden zum Beispiel Oliven, Nüsse, Samen, Avocados oder Fische herangezogen. Mit der mediterranen ketogenen Ernährung zeigen sich gute Erfolge bei Diabetes-Erkrankungen und bei der Fettreduzierung.

Wenn Sie danach streben, mit der ketogenen Ernährung möglichst viel Gewicht zu verlieren, ist die mediterrane Variante eine gute Wahl. Bei dieser Art handelt es sich außerdem um die nährstoffreichste ketogene Ernährung, doch der Umstieg fällt nicht ganz so leicht. Denn die Nahrungsmittelauswahl ist natürlich etwas beschränkter, als bei der einfachen Variante. Sie sollten sie daher vielleicht nicht direkt für den Einstieg wählen, sondern erst umsteigen, wenn Sie ein wenig Erfahrung mit der ketogenen Ernährung gesammelt haben. Für Fortgeschrittene ist die mediterrane ketogene Ernährung sicherlich eine tolle Möglichkeit, um Gewicht zu reduzieren, Bluthochdruck vorzubeugen oder einer Diabetes entgegenzuwirken.

3) Eine Abwandlung der Atkins-Diät

Bei dieser Variante handelt es sich eigentlich nicht um eine ketogene Ernährungsweise, sondern vielmehr um eine Abwandlung der sogenannten Atkins-Diät. Bei dieser Version dürfen unbegrenzt Kalorien und Proteine aufgenommen werden. Das bedeutet zwar, dass sich diese Form gut für Kinder eignet und für alle geeignet ist, die nur schwer satt werden – gleichzeitig heißt es aber auch, dass der Körper nicht in den Zustand der Ketose gelangt. Da dies jedoch das Ziel der ketogenen Ernährung ist, handelt es sich hier eher um eine Alternative, als um eine echte Variation.

Der Vorteil dieser Ernährung ist, dass Sie sie gemeinsam mit Ihren Kindern umsetzen können, was den Alltag natürlich deutlich erleichtert, da Sie gemeinsam das Essen zubereiten können. Außerdem werden Sie bei dieser Ernährungsform satt – ein Problem, das viele Menschen vor allem am Anfang von einer streng ketogenen Ernährung abhält. Auch mit der abgewandelten Atkins-Diät haben Sie die Möglichkeit, deutlich das Gewicht zu reduzieren. Wenn dies also das oberste Ziel sein soll, haben Sie die Möglichkeit, ohne Hungern Ihr Wunschgewicht zu erreichen.

Die modifizierte Atkins-Diät ist eine gute Möglichkeit, um den Einstieg in die Standard ketogene Ernährung zu erleichtern. Wenn Sie sich die ersten paar Monate nach diesem System ernähren, wird Ihnen der Umstieg leichter fallen, da sich der Körper langsam an die veränderte Nährstoffaufnahme gewöhnen kann. Das Hungergefühl, dass in vielen Fällen vor allem in den ersten Wochen der ketogenen Ernährung zum Abbruch führt, wird vermieden und macht es Ihnen leichter, mit der neuen Ernährung zurechtzukommen.

4) Die zyklisch ketogene Ernährung

Bei der zyklisch ketogenen Ernährung handelt es sich um eine spezielle Abwandlung der Standard-Version, die sich vor allem für Sportler und sehr aktive Menschen anbietet. Sie setzt sich aus der Standard ketogenen Ernährung zusammen, die jedoch in sogenannten Refeeds durch die gezielte Aufnahme von

Kohlenhydraten ergänzt wird. Die Refeeds finden in regelmäßigen Abständen durchgeführt, zum Beispiel täglich nach dem Sport oder im wöchentlichen Abstand.

Die zyklisch ketogene Ernährung ist die richtige Variante für Leistungssportler, da sie auf diese Weise besser regenerieren können und es ihnen möglich ist, die ketogene Ernährung durchzuhalten. Außerdem zeigt sich durch das regelmäßige Auffüllen des Kohlenhydratspeicher ein besseres Schlafverhalten bei Anwendern, die stark unter Stress stehen. Natürlich ist durch die Aufnahme von Kohlenhydraten, die in der Standard ketogenen Ernährung beinahe ganz verboten sind, keine durchgehende Ketose möglich. Sie schwanken daher immer zwischen dem Zustand der Ketose und dem normalen Stoffwechsel hin und her. Entsprechende Gewichtsverluste und Fettreduzierungen sind also in dieser Variante nicht zu erwarten.

Die zyklisch ketogene Ernährung ist eigentlich keine Variante, die sich für den durchschnittlichen Anwender eignet. Sie ist dagegen genau das Richtige für Leistungssportler oder Bodybuilder, sehr aktive Menschen und solche, die mit der ketogenen Ernährung nicht das Ziel eines Gewichtverlustes erreichen wollen. Wenn Sie ohnehin sehr schlank sind und nicht weiter Gewicht verlieren wollen, können Sie durch die regelmäßigen Refeeds Ihr aktuelles Gewicht halten und trotzdem deutlich fitter werden.

Kapitel 1 – die gute Dinge über einer Low Carb Diät

Wie jede andere Diät gilt die Höhe der Kalorienzufuhr einschränken auf diese Methode. Die Kalorien-Defizit wird den Körper auslösen in brennen mehr gespeicherten Energie als die Aufnahme selbst. Es gibt viele Vorteile, dass diese Diät-Methode anbieten kann Verwurzelung von seiner Fähigkeit Hunger effektiv als andere Diäten zu verwalten.

Mit dieser Methode können Sie verbrauchen sättigende und Essen zu füllen. Wenn richtig gemacht würde der Großteil der Kalorienzufuhr aus Eiweiß und Fette sind sättigend und lecker. Entfernen Zucker und Kohlenhydrate aus der Nahrung, wird die Menge an Kalorien verbrauchen Sie normalerweise mehr Platz pro Tag füllen lassen. Da viele Menschen finden diese Methode einfach und der Diät haben eine harte Zeit raubende genug Nahrung pro Tag!

Die Pfunde zu verlieren ist nicht so einfach wie es aussieht, aber mit richtiger Diät und Arbeit heraus, es sicherlich machbar ist. Die oben angegebene Informationen sind nur die grundlegenden Kenntnisse über die Keto-Diät. Mit diesem können Sie herausfinden, welche Methode am besten Ihrem Lebensstil und Ihren Bedürfnissen entspricht.

Das vorrangige Ziel der ketogene Diät ist um gesünder zu werden. Mit dieser Diät Ketone produziert werden und die Anwesenheit von Kohlenhydraten im Körper zu ersetzen. Durch Stoffwechsel Prozess namens Ketose sind Ketone für Energie verbrannt, wenn gibt es keine Kohlenhydrate zu verbrennen. Ketone als Brennstoff verwenden, um das Gehirn zu energetisieren, verbessert die Fähigkeit des Herzens und der lebenswichtigen Organe wie Nieren besser zu funktionieren.

Die Vorteile der ketogene Diät können innerhalb einer Woche gesehen. Allmähliche Veränderungen entwickeln sich nach drei Wochen der regelmäßigen Diät-Plan. Diese Änderungen beinhalten bessere Stoffwechsel-Kapazität des Körpers, Homöostase sowie gen Wachstum und Entwicklung.

Bei Verwendung als medizinische Behandlungen für große Beschwerden

- Epilepsie - bekannt als die sichersten und die meisten wirksame Behandlung für Menschen mit Epilepsie ketogene Diät. Die heilende Kraft dieser Diät zu gefährlichere epileptische Anfällen zu verhindern hat in der Vergangenheit verwendet worden. Die Praxis gestoppt, während der Zeit als Antiepileptika Medikamente auf dem Markt eingeführt wurden. Es wurde wieder populär als ein Elternteil diese Methode verwendet werden verlangt, um sein 20 Monate alten Sohn zu behandeln, die nach 4 Tagen regelmäßiger Anwendung besser geworden. Anfälle wurden verhaftet und der Junge hatte noch nie einen anderen schweren Anfall in seinem Leben. Seine erstaunliche Genesung von Epilepsie wurde von seiner Familie durch die Bildung von Charlie Foundation gefeiert. Man kann daher sagen, dass ketogene Diät-Plan induziert, Epilepsie zu heilen schützt und die Aktivität der Krankheit ändert.

- Der Alzheimer-Krankheit – wenn Ketonkörper reichlich im Körper produziert werden, unterstützen sie die Fähigkeit des Gedächtnisses, funktionieren. Ketogene Diät erhöht die essentiellen Fettsäuren notwendig, die Auswirkungen dieser psychischen Erkrankung zu bekämpfen. Es stärkt die Fähigkeit des Gehirns, Speicher-Gedanken und Bilder zurück zu bringen.
- Diabetes-Carb Aufnahme Beschränkung auf diese Diät hilft Diabetes 2 Patienten ihre Blutzucker- und Insulinspiegel zu kontrollieren. Durch den Wegfall von High-Carb-Lebensmittel sind auch ungesund wirkt Insulin-Resistenz und kehrt die Auswirkungen des metabolischen Syndroms.
- Der Parkinson-Krankheit – lindert ketogene Diät einige Symptome dieser Krankheit durch die Reparatur der mitochondrialer Atmung Schäden, die passieren, wenn es Überfluss von reaktiven Sauerstoffspezies (ROS) und freien Radikalen gibt. Bei Überstimulation der chemischen Neuro-Transmitter, schädigt es die Nervenzellen der Substantia Nigra (die Gehirnstruktur, die Bewegungen steuert). Der Schaden betrifft die Funktionen des zentralen Nervensystems.
- Krebs-ketogene Diät beseitigt Kohlenhydrate Glukose geworden. Krebszellen brauchen im Grunde Glukose im Körper gedeihen. Wenn diese bedrohlichen Zellen verhungert sind, sinkt die aktive Verbreitung von Krebs.

Für lebensstilbedingte Krankheiten

- Stress-der Teil des Gehirns, die anfällig für stress ist der Hippokampus. Wenn Sie mit schwierigen und belastenden Ereignissen konfrontiert, verliert dieser Region seine gesunde Gehirnzellen, die Emotionen, Gedächtnis und Lernfähigkeit des Gehirns beeinträchtigen. Ketogene Diät induziert die Produktion von Mitochondrien, die regt das Gehirn um Stress zu bekämpfen.
- Adipositas-eine modifizierte und verbesserte Version von ketogene Diät ist gewöhnungsbedürftig helfen loszuwerden unerwünschte Gewichtszunahme. Es kontrolliert Appetit und Bordsteine Essen Fixierung, die in schnellen Verlust der überschüssiges Fett im Körper hilft. Es richtet sich auch an die zugrunde liegende Ursache der Gewichtszunahme, hormonelles Ungleichgewicht. Wenn ein Ungleichgewicht besteht, ist die Tendenz des Körpers zu fühlen sich ständig extremen Hunger und Essen. Dies bringt Gewichtszunahme und niedrigen Energieverbrauch.
- Muskel- und Gelenkschmerzen - ketogene Diät beseitigt Körner, die Schuldigen der chronischen Muskel und Gelenke Probleme sind. Es verhindert

Steifheit der Muskeln und der Entzündung, die schmerzhaften Arthrosen verursachen kann oder Rheuma.
- Herzerkrankungen – ketogene Diät reduziert Cholesterin-Produktion stammt aus überschüssige Glukose. Wenn Cholesterin gesteuert wird, die Entzündung beseitigt und es gibt weniger Schäden an den Arterien. Es erhöht HDL-Cholesterin, die hilft, das Herz gesund zu halten. C-reaktive Protein (CRP) sowie HbA1c-Proteine Einflussfaktoren zu Herzerkrankungen reduziert. Es neutralisiert auch Triglyceride Ebene, die das Risiko für Herzinfarkte verhindert.
- Orale Gesundheit – hält ketogene Diät Zähne und Zahnfleisch gesund. Es verhindert, dass Bildung, Zahnfleischerkrankungen und Zahn zerfällt.

Mehr gesunde Vorteile:

• Beugt Wassereinlagerungen durch helfen Nieren beseitigen unerwünschte Natrium aus dem Körper. Ketogene Diät verwendet Nahrungsmittel, die diuretische Wirkung haben die einfache Beseitigung der Körper Abfälle durch Wasserlassen zu fördern.

• Es hilft bei der richtigen Verdauung von Lebensmitteln, die Magenschmerzen, Gasbildung und Blähungen reduziert.

• Verbessert Schlaf Muster und beseitigt das Problem der Schlafapnoe. Die meisten Amerikaner stellen chronische Schlaf Probleme. Sie können nicht gut in der Nacht und immer schläfrig tagsüber schlafen. Ketogene Diät ist eine wirksame Methode zur Förderung gute Nacht Rest was bessere körperliche und geistige Wohlbefinden führt. Es beseitigt das Gefühl der Müdigkeit und verbessert ihre Lebensqualität.

• Es Stimmung Zustand stabilisiert, durch die Produktion von Serotonin und Dopamin im Gehirn auslösen. Die Vorteile dieser beruhigenden Neurotransmitter zu erhöhen reduzieren Angst vieler neurodegenerativer Erkrankungen bewirken kann.

- Es gibt besser und klarer zu denken. Zu viel Glukose macht das Gehirn Nebel und wirkt sich auf die kognitiven Funktionen. Ketogene Diät verbessert die Fähigkeit des Gehirns, Funktion, weil es den Blutfluss zum Gehirn um 39 % erhöht. Dies treibt das Gehirn um non-Stop auf das optimale Niveau arbeiten.

- Es bringt energiereiche Stufe. Wenn Ketone als Brennstoff genutzt werden, bringen sie konstante und stabile Energie, die die Notwendigkeit von Körper und Geist mit verschiedenen Aktivitäten aufrecht erhalten kann. Es beseitigt Schwäche und Müdigkeit durch die Bereitstellung von grenzenlosen Energie.

- Beugt vorzeitigen Alterung. Ketogene Diät verjüngt die Zellen durch ausspülen Proteine, die zu frühe Anzeichen der Hautalterung beiträgt. Durch Ketose Prozess sind alte und beschädigten Zellen durch frische ersetzt. Es schützt den Körper vor Viren, Bakterien und mikrobielle Infektionen.

- Bessere und klarere Haut – es entledigt sich Entzündungen der Haut und reduziert Akne Bildung innerhalb von drei Monaten regelmäßigen ketogene Diät. Es spült Giftstoffe aus dem Körpersystem, das Akneausbrüche und andere Haut-Probleme löst.

Beachten Sie, dass ketogene wie jede andere Diätpläne, auch negative oder unerwünschte Wirkungen hat. Achten Sie darauf, Ihren Arzt vor der Implementierung von dieser Diät-Strategie. Diese Art der Diät ist sehr streng und erfordert einiges an

Willenskraft, zuckerhaltige beladen, hoch-kalorische Lebensmittel oder Getränke zu vermeiden. Es braucht eine Menge Disziplin, an diese Ernährung vor allem in den ersten Tagen oder Wochen wegen metabolische Verschiebung. Aber denken Sie daran, die Regeln, gemeinsame Diät Fallstricke zu vermeiden. Lassen Sie den Übergang tritt natürlich und sanft. Die Belohnung am Ende ist vorteilhaft für Ihr allgemeines Wohlbefinden.

Choco-Protein Chia Pudding

Zutaten:

3 Esslöffel Chia-Samen
1 Tasse Milch (ungesüßt; Sie können auch Soja-Milch oder Sojamilch)

1 Kugel Schokolade gewürzt Proteinpulver (Sie können auch Kakaopulver)
¼ Tasse Himbeeren (Wählen Sie gefroren oder frisch)
1 Teelöffel Honig (optional; wenn Sie Protein-Pulver verwendet, können Sie diese Zutat entfernen)

Anfahrt:

1. mix Mandelmilch und Schokolade Proteinpulver alle zusammen. Benutzen Sie eine Gabel, um es gut umrühren.
2. Fügen Sie Chia-Samen im Mix und kombinieren Sie sie mit einer Gabel gut.
(3) für ca. 5 Minuten ruhen lassen. Ist das erledigt, wieder für weitere 5 Minuten umrühren und ca. 30 Minuten im Kühlschrank ruhen lassen.
(4) dienen Sie und fügen Sie die Himbeeren obendrauf, genießen!
5. Sie können übertragen und halten Sie die restliche Mischung auf den Pudding.

Rührei mit speck

Zutaten:

6 Eier

4 Scheiben Bacon

6 EL Milch

50g Margarine / Butter

Schnittlauch, geschnitten

Salz

Pfeffer

Die Eier mit der Milch in einer Schüssel verquirlen und mit Salz und Pfeffer würzen. Auf geringer Hitze langsam unter rühren stocken. Danach auf einen Teller geben und noch mit dem Schnittlauchstückchen bestreuen.

Den Speck in einer Pfanne knusprig anbraten und danach zusammen mit dem Rührei genießen.

Montag - Mittagessen

Zutaten für Asiatischer Rindfleischsalat

Rindfleisch

½ EL Olivenöl

½ EL Fischsauce

½ EL geriebener frischer Ingwer

½ TL Chili Flocken

150 g Ribeye-Steaks

Sesam Mayonnaise

½ Eigelb, bei Raumtemperatur

½ TL Dijon-Senf

60 ml Avocadoöl oder leichtes Olivenöl

½ EL Sesamöl

¼ EL Limettensaft

Salz und Pfeffer

Salat

1 Schalotte

40 g Kirschtomaten

30 g Gurke

40 g Salat

¼ rote Zwiebel

frischer Koriander

½ EL Sesamsamen

Zubereitung

Die Sesam Mayonnaise mit dem Eigelb und dem Senf in einer Schüssel vermischen.

Fügen Sie Avocadoöl tropfenweise hinzu, während Sie alles gut verrühren. Sie können auch ein Handmixer nehmen. Fügen Sie Sesamöl, Limettensaft und Gewürze gegen Ende hinzu, sobald die Mayonnaise emulgiert hat.

Alle Zutaten für die Rinder Marinade mischen und in eine Plastiktüte füllen. Fügen Sie das Rindfleisch hinzu und für 15 Minuten oder mehr bei Zimmertemperatur gut durchziehen lassen.

Das Gemüse für den Salat, außer die Frühlingszwiebeln, in mundgerechte Stücke schneiden.

In einer mittelgroße Pfanne bei mittlerer Hitze die Sesamen anrösten bis sie goldbraun sind und beiseite legen.

Das Fleisch auf beiden Seiten mit Papiertüchern trocken tupfen. Bei starker Hitze 3-4 Minuten auf jeder Seite anbraten.

Braten Sie die Schalotten für eine Minute in der gleichen Pfanne an.

Das Fleisch dünne Scheiben schneiden. Legen Sie Rindfleischscheiben und Schalotten auf das Gemüse. Mit gerösteten Sesam und Sesam Mayonnaise servieren.

Übersicht pro Portion

Netto Kohlenhydrate: 3% (7 g)

Faser: 3 g

Fett: 84% (98 g)

Protein: 13% (34 g)

kcal: 1042

Mittagessen: Lachsfilet mit Joghurt-Dip

Zubereitungszeit: 25 Minuten

3 Portionen

Zutaten:

350 g Lachsfilet

150 g griechischer Sahnejoghurt

1 EL Olivenöl

3 g Ursalz Fisch

1 TL Zitronenschale

1 Knoblauchzehe

Dill

Rosmarin

Getrockneter Thymian

Zubereitung:

Alle Zutaten für das Rezept vorbereiten

Den Backofen auf 180 Grad vorheizen

Lachs mit „Ursalz Fisch" würzen

Auflaufform mit Öl einpinseln

Das Lachsfilet hineinlegen.

Knoblauch und Kräuter hacken und über den Lachs streuen.

Die Zitronenschale reiben und in den griechischen Joghurt mischen.

Den Lachs 15-20 Minuten im Ofen backen.

Das Lachsfilet mit dem Dip servieren.

Nährwertangaben pro Portion: 266 kcal/3g Kohlenhydrate/12g Fett/28g Protein

Zutaten für 4 Portionen:

200 g Hirse

500 ml Gemüsebrühe

½ Salatgurke

250 g Tomaten

1 Friseesalat

200 g Joghurt

2 EL Öl

2 EL Tomatenketchup

1 EL Apfelessig

Salz

Pfeffer

2 EL Schnittlauchröllchen

Zubereitung:

Gemüsebrühe erhitzen und Hirse 20 Minuten darin garen.

Vom Herd nehmen und abkühlen lassen.

Salatgurke putzen, schälen und würfeln.

Tomaten waschen, trocknen, Stielansätze entfernen und das Fruchtfleisch achteln.

Friseesalat waschen, trockenschleudern, putzen und in mundgerechte Stücke zupfen.

Alles mit der Hirse mischen.

Aus Joghurt, Öl, Tomatenketchup, Apfelessig, Salz, Pfeffer und Schnittlauchröllchen ein Dressing zubereiten und über den Salat geben.

Gut vermengen und servieren.

Grüne Eier und Butter

Was dieses einfache Gericht von anderen gewöhnlichen Frühstücksgerichten unterscheidet, ist der robuste Geschmack, den dieses nahrhafte Gericht mit sich bringt. Die Kombination aus grünen Kräutern, Knoblauch und Ei verleihen diesem Gericht einen frischen und erdigen Geschmack, welche einfach zu gut ist, um diesen nicht auszuprobieren.

Vorbereitungszeit: 5 Minuten

Kochzeit: 12 Minuten

Portionen: 2

Zutaten:

2 Esslöffel Butter, vorzugsweise organisch und geweidet

¼ Teelöffel Cayenne, gemahlen

1 Esslöffel Kokosnussöl

4 Eier, groß und vorzugsweise organisch

2 Knoblauchzehen, kleingeschnitten

1 Teelöffel Thymianblätter, vorzugsweise frisch

½ Tasse Petersilie, frisch und klein geschnitten

½ Tasse Koriander, frisch und klein geschnitten

½ Teelöffel Meeressalz

¼ Teelöffel Kreuzkümmel, gemahlen

Zubereitungsmethode:

1) Nimm zu Beginn eine beschichtete Pfanne und erhitze diese mit mittlerer Hitze.

2) Vermische als nächstes die Butter und das Kokosnussöl und lasse dieses schmelzen.

3) Sobald dies geschmolzen ist, füge den kleingeschnittenen Knoblauch hinzu und sautiere es für zwei bis drei Minuten, bis es anfängt, braun und aromatisch zu werden.

4) Füge nun Thymian hinzu und koche es erneut für weitere 20 Sekunden, bis es leicht braun erscheint (Tipp: Achte darauf, dass du den Knoblauch nicht anbrennst.)

5) Danach füge Petersilie und Koriander in die Pfanne hinzu und koche für weitere 2 bis 3 Minuten oder bis es leicht knusprig wird.

6) Schlage nun das Ei auf und achte darauf, das Eigelb nicht kaputt zu machen.

7) Reduziere die Hitze und bedecke die Pfanne und lasse diese für 5 bis 6 Minuten kochen und bis es fertiggekocht ist.

8) Serviere das Gericht auf einen Teller und genieße es mit deinen Lieblingsbeilagen, wie zum Beispiel Wurst.

Tipp: Wenn du flüssiges Ei magst, koche dieses nur für 3 bis 4 Minuten.

Nährwertangaben

☐ Kalorien – 311 kcal

☐ Fett – 27.5gm

☐ Kohlenhydrate – 2.5gm

☐ Protein – 12.8gm

☐ Ballaststoffe – 1gm

Keto Haferbrei

Haferflocken enthalten lösliche Ballaststoffe, welche sich lange in Ihrem Magen aufhalten und Sie länger sättigen. Dies kann Sie daran hindern zu viel zu essen, was wiederum ein gesundes Gewicht fördert und mit dem Gewicht verbundene Gesundheitsprobleme reduziert.

Kochzeit: 00 min

Vorbereitungszeit: 10 min

Portionen: 2

Zutaten

1 Tasse Chia Samen

1 Tasse goldene Leinsamen

1 Tasse fein geschnittene, ungesüßte Kokosnussmilch

1 1/2 Esslöffel gemahlener Zimt

Für eine Portion servierter "Haferbrei"

½ Tasse heißes Wasser

2 Esslöffel ungesüßte Kokosnussmilch

Süßmittel zum Abschmecken

Zubereitung

Kombinieren Sie die Chia Samen, Leinsamen, Zucker, Kokosnuss und Zimt in einem luftdichten Container.

Nehmen Sie ½ Tasse „Haferflocken" in einer Schüssel und verschließen Sie den Rest in einem Luftverschlossenen Container.

Gießen Sie ½ Tasse Wasser über das Gemisch von „Haferflocken" und lassen Sie es für 3-5 Minuten stehen.

Geben Sie Süßmittel hinzu (Abschmecken) und 2 Esslöffel Creme. Mischen Sie dies.

Geben Sie frische Beeren oder getoastete Kokosnuss darüber.

Warum dies gut für Sie ist

Niedrig an gesättigtem Fett

Niedrig an Kohlehydraten

Kein Cholesterin

Hoch an Eisen

Hoch an Niacin

Hoch an Riboflavin

Hoch an Thiamin

Hoch an Vitamin A

Hoch an Vitamin B6

Nährwerte

Kalorien 171 , Kalorien aus Fett 19

Fett 2.1g , gesättigtes Fett 0.5g

Mehrfach ungesättigte Fette 0.5g, einfach ungesättigte Fette 1.1g

Cholesterin 0mg ,Natrium 225mg

Kalium 123.03mg ,Kohlehydrate 34.2g

Ballaststoffe 3.2g ,Zucker 11.8g

Proteine 4.3g

Makronährstoffe in Relation:

Kalorien aus Kohlehydraten (6.1%), Proteine (11.3%), Fett (82.6%)

2 Knusprige Keto-Zerealien

Zutaten:

- 1 Esslöffel Kokosnussöl
- 4 mittelgroße Erdbeeren
- 15 oz. Ungezuckerte Mandelmilch
- Stevia (optional)
- 2 Esslöffel gemahlenen Zimt
- 1 Päckchen Kokosnussflocken

Zubereitung:

Heize den Ofen auf 175°C vor.

Lege das Backpapier aus und fette es mit dem Kokosnussöl ein.

Streue die Kokosnussflocken auf das Backpapier.

Backe sie für 5 bis 10 Minuten.

Schüttle die Flocken und backe sie für weitere 5 bis 10 Minuten bis sie leicht geröstet sind.

Bespritze sie mit Stevia (es geht auch Zimt)

Füge eine ½ Tasse der gerösteten Nüsse in eine mittelgroße Schüssel und überschütte sie mit der Mandelmilch.

Schneide die Erdbeeren in Scheiben und füge sie oben drauf.

Gemüse-Salat mit Quinoa infundiert

Zutaten:

½ Tasse gespült quinoa

1 gehackte Schalotte

1 Tasse Kirschtomaten-Hälften

1 kleine zerkleinerte Karotte

1 EL gehackte frische Petersilie

1 EL gehackter frischer Thymian

1 Tasse gefrorene Erbsen

2 Tassen frischer Spinat

1 Tasse Wasser

Dressing:

2 EL Zitronensaft

1 EL Balsamico-Essig

2 Teelöffel Olivenöl

1 ½ Teelöffel Dijon-Senf

¼ Teelöffel Salz

1/8 Teelöffel Pfeffer

¼ Teelöffel Zucker

Anfahrt:

1. in einem Topf bringen Sie das Wasser zum Kochen, dann fügen Sie die Quinoa. Die Hitze reduzieren, decken die Saucep-ein und köcheln lassen für ca. 8 bis 10 Minuten oder bis die Quinoa voll das Wasser absorbiert. Den Topf vom Herd nehmen und dann die Quinoa mit einer Gabel auflockern.

2. übertragen Sie die gekochte Quinoa in einer mittleren Schüssel und lassen Sie abkühlen. Fügen Sie in die Schalotte, Cherry-Tomaten, Karotten und Erbsen.

(3) in einer mittleren Schüssel kombinieren Sie den Zitronensaft, Balsamico-Essig, Olivenöl, Dijon-Senf, Salz, Pfeffer und Zucker. Die Quinoa-Gemüse-Mischung beträufeln Sie die Dressing-Mischung dann zusammen werfen Sie, bis alles gut bedeckt ist. Bis zum Servieren kalt stellen.

4. beim servieren, Spinat auf einen Teller legen, dann oben mit Quinoa-Gemüse-Mischung.

Donnerstag – Frühstück

Zutaten für ein Milchfreien Keto Latte

1 Ei

1 EL Kokosnussöl

175 ml kochendes Wasser

½ Prise Vanilleextrakt

½ Teelöffel Kürbiskuchen Gewürz oder gemahlener Ingwer

Zubereitung

Alle Zutaten in einen Mixer geben. Sofort trinken.

Übersicht pro Portion

Netto-Kohlenhydrate: 2% (1 g)

Faser: 0 g

Fett: 87% (18 g)

Protein: 12% (6 g)

kcal: 191

Klassischer Apfel-Möhren-Salat

Zubereitungszeit: 15 Minuten

1 Portion

Zutaten:

2 Möhren

1 Apfel

6 EL Apfelmus

½ Zitrone

2 EL Nüsse nach Wahl

1 EL Olivenöl

1 EL Süßstoff

Zubereitung:

Die Möhren schälen und halbieren und den Apfel waschen, entkernen und vierteln.

Die Möhren und den Apfel auf einer Kastenreibe sehr fein hobeln und beide Zutaten in eine Schüssel geben.

Die Nüsse mit einem großen Messer grob hacken und zu den Apfel-Möhren-Raspeln geben.

Die halbe Zitrone auspressen, davon 1 TL Saft abschöpfen und zusammen mit dem Olivenöl und dem Süßstoff verrühren.

Die Zitronensaftmischung im Apfel-Möhren-Salat untermischen und servieren.

Nährwertangaben pro Portion:

200kcal/15g Fett/12g Kohlenhydrate/2g Protein

Chicoreesalat mit Trauben und Mango

Zutaten für 4 Portionen:

2 Chicoreestauden

400 g grüne Trauben

1 Mango

½ Honigmelone

100 g getrocknete Datteln

250 ml Buttermilch

5 EL Grappa

2 EL Creme double

3 EL Mangosaft

Zitronenpfeffer

je 1 Prise Kardamom- und Nelkenpulver

50 g gehackte Pekannüsse

Zubereitung:

Chicorée waschen, trocknen, halbieren, den bitteren Strunk herausschneiden und Blätter in Streifen schneiden.

Trauben waschen, trocken tupfen, halbieren und entkernen .

Mango schälen, halbieren und das Fruchtfleisch in Spalten vom Kern schneiden.

Melone entkernen und das Fruchtfleisch mit einem Kugelausstecher herauslösen.

Datteln vom Kern befreien und in Streifen schneiden.

Die Früchte und den Chicorée in einer Schüssel mischen.

Buttermilch mit dem Grappa, der Creme double und dem Mangosaft verrühren und mit den Gewürzen abschmecken.

Über den Salat geben und mit den Pekannüssen garniert servieren.

Schoko-Mascarpone-Crème

Leckere Schoko-Mascarpone-Crème (Rezept für 2 Personen) mit nur 4g Kohlenhydratanteil pro Portion.

Portionen: 2

Zutaten

200 g Mascarpone - (3,0 g KH/100 g)

15 g Kakao (zum backen) - (8,8 g KH/100 g)

6-8 g Süßstoff (z.B Stevia)

2 Eier - (0,7 g KH/100 g)

Zubereitung

Die Eier trennen.

Die Mascarpone mit dem Kakaopulver, dem Süßstoff und den Eigelben aufschlagen.

Das Eiweiß steif schlagen und unterziehen.

Tunfisch mit Kichererbsen, Oliven und Romansalat

Zutaten:

- 2 Esslöffel Weißweinessig

- Salz und Pfeffer nach Geschmack

- ½ Tasse schwarze Oliven

- 1 Romansalatkopf

- ¼ Tasse Olivenöl

- 1 Dose Tunfisch in Öl

- 1 Dose Kichererbsen

- 2 Tassen frische krause Petersilie

- ½ rote Zwiebel

Zubereitung:

- Gebe in eine Schüssel Essig, Salz und Pfeffer. Vermische alles.

- Füge die restlichen Zutaten hinzu und vermische alles.

- Kühle den Salat für 30 Minuten und serviere ihn dann.

Anstrengenden Tag Fisch gebacken

Zutaten:

2 ½ Pfund Fischfilets (nach Ihrer Wahl)

1 Tasse (8 Unzen) griechischer Joghurt

¼ Tasse geschmolzenen butter

1/3 Tasse geriebener Parmesan

Kokosnuss-Öl-spray

2 Esslöffel Zwiebelsuppe Mix (optional)

Anfahrt:

1. das Fischfilet in mundgerechte oder Portionsgröße Stücke schneiden.

2. beschichten Sie das Fischfilet mit griechischem Joghurt (Sie können die Zwiebelsuppe Mix mit griechischem Joghurt mischen).

3. Mantel ein zwei 13 x 9 Zoll Backformen mit Kokosnuss-Öl-Spray. Legen Sie die zubereiteten Fisch-Filets in die gefettete Auflaufform. Mit Butter beträufeln.

(4) backen, aufgedeckt, in den vorgeheizten Backofen von 425 Grad ca. 12 Minuten. Mit Parmesan bestreuen.

Weitere 2 bis 6 Minuten backen Sie, bis der Fisch leicht mit einer Gabel als Flocken. Aus der Pfanne nehmen und noch heiß servieren.

Samstag – Abendessen

Zutaten für Keto Asia Kohltopf

375 g Grünkohl

75 g Butter

300 g Rinderhack

Prise Salz

½ Teelöffel Zwiebelpulver

Prise gemahlener schwarzer Pfeffer

½ EL Weißweinessig

1 Knoblauchzehe

1 ½ Frühlingszwiebeln, in Scheiben

½ Teelöffel Chili Flocken

½ EL frischer Ingwer, fein gehackt oder gerieben

½ EL Sesamöl

Wasabi Mayonnaise

125 g Mayonnaise

½ EL Wasabi Paste

Zubereitung

Den Kohl mit einem scharfen Messer oder einer Küchenmaschine fein zerkleinern.

Braten Sie den Kohl in 60-90 g Butter in einer großen Brat- oder Wokpfanne bei mittlerer Hitze, aber lassen Sie den Kohl nicht braun werden. Es dauert eine Weile, bis der Kohl weich wird.

Fügen Sie Gewürze und Essig hinzu. Rühren und braten Sie noch ein paar Minuten. Danach den Kohl in eine Schüssel geben.

Den Rest der Butter in der gleichen Pfanne schmelzen. Fügen Sie Knoblauch, Chiliflocken und Ingwer hinzu und für ein paar Minuten anbraten.

Fügen Sie das Rinderhack hinzu und braten Sie gut durch. Senken Sie die Hitze etwas ab.

Fügen Sie Schalotten und Kohl dem Fleisch hinzu. Umrühren, bis alles heiß ist. Mit Salz und Pfeffer abschmecken und vor dem Servieren mit Sesamöl übergießen.

Mischen Sie die Wasabi-Mayonnaise unter bis der Geschmack genau richtig ist.

Übersicht pro Portion

Netto Kohlenhydrate: 4% (10 g)

Faser: 6 g

Fett: 83% (93 g)

Protein: 13% (33 g)

kcal: 1023

Überbackene Endivien

Zubereitungszeit: 35 Minuten

2 Portionen

Zutaten:

3 mittelgroße Endivien (auch Chicorée genannt)

100 g Cheddarkäse

100 ml Kochsahne (mind. 35% Fett)

200 ml Hühnerbrühe

1 frisches Ei (Klasse M)

Salz und Pfeffer

Vorbereitung:

Backofen auf 180 Grad vorheizen

Zubereitung:

Die Endivien halbieren und die braunen Stellen entfernen.

Die Hühnerbrühe in einer Pfanne erhitzen und die Endivienhälften 5 Minuten darin braten.

In der Zwischenzeit das Ei und die Kochsahne mischen, leicht salzen und pfeffern.

Die Endivien aus der Pfanne nehmen, abtropfen lassen und in eine hitzebeständige Form geben.

Nun die Flüssigkeit über die Endivien geben und mit dem Cheddarkäse belegen.

Für ca. 20 Minuten bei 180 Grad in den Ofen schieben, bis der Käse goldbraun gefärbt ist.

Empfehlung: Sehr gut mit Fleisch kombinierbar!

Nährwertangaben pro Portion:

427kcal/8g Kohlenhydrate/ 34g Fett/23g Protein

Tomaten-Eier-Salat mit Schnittlauchröllchen

Zutaten für 4 Portionen:

500 g Tomaten

1 Bund Schnittlauch

5 hart gekochte Eier

Saft von 1 Zitrone

3 EL Sonnenblumenöl

Senf

Salz

Pfeffer

2 EL frisch gehackter Kerbel zum Garnieren

Zubereitung:

Tomaten waschen, Stielansätze entfernen, Früchte mit kochendem Wasser überbrühen, häuten, entkernen und das Fruchtfleisch würfeln.

Schnittlauch waschen, trocken tupfen und in Röllchen schneiden.

Die Eier schälen und achteln.

4 Eier in einer Schüssel mit den Tomaten und dem Schnittlauch mischen.

Zitronensaft, Sonnenblumenöl, Senf, Salz und Pfeffer verrühren und über den Salat geben.

Mit dem restlichen geachtelten Ei und dem frisch gehackten Kerbel garniert servieren.

Eintropfsuppe

Wie wäre es mit einer schnellen Mahlzeit, wenn du dich hungrig fühlst? Dann ist diese chinesische Suppe genau das richtige; Eintropfsuppe, welche dich schmatzend zufrieden stellt.

Vorbereitungszeit:5 Minuten
Kochzeit: 10 Minuten
Portionen:1
Zutaten:

- 1 ½ Tassen Hühnerbrühe
- 2 Eier, vorzugsweise organisch und groß
- ½ Würfel Hühner Boullion
- 1 Teelöffel Chili-Knoblauch-Paste
- 1 Esslöffel Schinkenfett

Zubereitungsmethode:

1) Erhitze zuerst eine beschichtete Pfanne auf mittlerer Hitze.

2) Verrühre danach die Hühnerbrühe, Schinkenfett und Hühner Boullion darin.

3) Sobald dies anfängt zu kochen, rühre die Chili-Knoblauch-Paste unter und vermische alles gut. Nimm es von der Hitze.

4) Verquirle nun ein Ei in einer weiteren kleinen Schüssel.

5) Gieße als nächstes das Ei in eine Pfanne und verrühre es. Lasse es für ein bis zwei Minuten auf der Hitze.

6) Verteile anschließend die Suppe auf Servierteller und biete es mit einer scharfen Sauce an.

Tipp: Anstatt Schinkenfett kannst du auch organische Butter benutzen.

Nährwertangaben:
☐Kalorien – 279 kcal
☐Fett – 23g
☐Kohlenhydrate – 2,5g
☐Eiweiß– 12g

Keto Kokosnuss Jogurt

Zutaten:

- ¾ Tasse Sahne

- ¼ Teelöffel Xantham Gum

- 3 Kapseln Keto Probiotik-10

- 1 Dose Kokosnussmilch

Zubereitung:

Füge die Propiotik-10 Kapseln zu der Kokosnussmilch hinzu und gebe es für 12 bis 36 Stunden in den Ofen.

Danach gebe diese Mischung für 4 bis 5 Stunden in den Kühlschrank.

Vermische in einer kleinen Schüssel die Sahne mit dem Xantham Gum.

Nehme die Kokosnuss-Probiotik Mischung aus dem Kühlschrank und vermische sie mit der Sahne-Xantham Gum Mischung.

California-Nudelsalat

Zutaten:

1 Packung (8 Unzen) dünne Nudeln

2 Dosen (4,50 Unzen) Reife Oliven

2 mittelgroße gewürfelte zucchini

3 große gewürfelte Tomaten

1 große gewürfelte Gurke

1 gewürfelte rote Paprika

1 gewürfelte Paprika

1 große gewürfelte Zwiebel

Dressing

1 pack (16 Unzen) italienischer Salat-dressing

1 EL Mohn-Samen

1 Esslöffel Sesam

½ Teelöffel Selleriesamen

1 Teelöffel paprika

¼ Teelöffel Knoblauchpulver

¼ Tasse geriebener Parmesan

Anfahrt:

(1) brechen Sie die dünnere Nudeln in 1 Zoll Stücke. Vorbereiten und Kochen Sie die Nudeln durch Anschluss an das Paket Richtungen:. Sobald die Nudeln gekocht, abtropfen lassen und in kaltem Wasser abspülen. Legen Sie in eine große Salatschüssel geben. Reife Oliven, Zucchini, Tomaten, Gurken, Paprika, grüne Paprika und Zwiebel unterheben.

(2) in eine kleine Schüssel, Schneebesen, italienischer Salat-Dressing, Mohn, Sesam, Selleriesamen, Paprikapulver, Knoblauchpulver und Parmesan-Käse. Die Pasta-Gemüse-Mischung übergießen Sie Nudeln Salatdressing. Zusammen werfen Sie, bis alles gut bedeckt ist. Im Kühlschrank vor dem servieren.

Mittwoch – Frühstück

Zubereitung für Keto Kokosbrei

30 g Butter oder Kokosöl

1 Ei

1 EL (8 g) Kokosnuss Mehl

1 Prise (0,2 g) gemahlenes Flohsamenschalen Pulver

4 EL Kokosnusscreme

1 Prise Salz

Zubereitung

Fügen Sie alle Zutaten in einen Antihaft-Topf. Gut vermischen und bei schwacher Hitze köcheln und anbei ständig rühren bis die gewünschte Konsistenz erreicht ist

Mit Kokosmilch oder Sahne servieren.

Auf den Brei ein paar frische oder gefrorenen Beeren oben drauf legen.

Übersicht pro Portion

Netto-Kohlenhydrate: 3% (4 g)

Faser: 5 g

Fett: 89% (49 g)

Protein: 8% (9 g)

kcal: 486

Cremiges Schoko-Dessert

Zubereitungszeit: 15 Minuten

3 Portionen

Zutaten:

200 g Frischkäse

15 g Kakaopulver (Backkakao, ungesüßt)

½ Avocado

40 g Erythrit

45 ml Sahne

10 Tropfen Vanillearoma

Zubereitung:

Frischkäse, Kakaopulver, Avocado, Erythrit, Sahne und Vanillearoma vermengen.

In einer weiteren Schüssel die Sahne steif schlagen.

Die Sahne vorsichtig unter die Kakaomasse heben.

Zum Schluss das cremige Schokoladendessert in kleine Gläschen portionieren und servieren.

Nährwertangaben pro Portion:

328kcal/4g Kohlenhydrate/25g Fett/6g Protein

Zander in sahniger Kerbelsauce

Zutaten für 4 Portionen:

750 g Zanderfilet

Saft von 1 Zitrone

2 Schalotten

4 EL gehackter Kerbel

5 EL Butter plus 50g Butter

125 ml Fischfond

125 ml Sahne

1 Möhre

1 Eigelb

Zubereitung:

Zanderfilet waschen und trocken tupfen.

In Stücke schneiden und mit dem Zitronensaft beträufeln.

Die Schalotten schälen und hacken.

Die Hälfte des Kerbels in 2 EL Butter glasig schmoren.

Fischfond und Sahne angießen und alles auf ein Drittel einkochen lassen.

Möhre putzen, schälen und in dünne Streifen schneiden.

Fischstücke in 3 EL heißer Butter von jeder Seite etwa 3 Minuten braten.

Möhrenstreifen mitschmoren.

Eigelb in die Kerbelsauce rühren und cremig schlagen.

Restliche Butter in Flöckchen unterrühren.

Abschmecken und mit restlichem Kerbel verfeinern.

Mit Fisch und Möhren servieren.

Kohlenhydratarmer Erdbeer-Pekan-Käsekuchen

Nimm einen Bissen von diesen kohlenhydratarmen Erdbeer-Käsekuchen und du wirst dich auf jeden Fall sofort in diesen Käsekuchen verlieben, aufgrund seiner großartigen Konsistenz und seinem cremigen Geschmack. Verpass nicht die Chance, dieses ultimative kohlenhydratarme Dessert zu probieren.

Vorbereitungszeit: 30 Minuten

Kochzeit: 90 Minuten

Portionen: 8

Zutaten:

Für die Kruste
¾ Tasse Pekannüsse

4 Esslöffel Butter, vorzugsweise organisch

¾ Tasse Mandelmehl

2 Esslöffel Splenda

Für die Füllung:
680 g Frischkäse

¼ Tasse Sauerrahm

4 Eier, vorzugsweise mittelgroß und organisch

9 organische Erdbeeren, geschnitten

½ Esslöffel flüssiges Vanille

1 Tasse Splenda

½ Esslöffel Zitronensaft

Zubereitungsmethode:

1) Beginn damit, den Ofen auf 205 Grad Celsius vorzuheizen.

2) Stecke danach die Pekannüsse in eine Plastiktüte und zerkleinere sie mit einem Nudelholz.

3) Nimm danach einen Kochtopf und erhitze diesen bei mittlerer Hitze.

4) Füge dann Butter, Mandelmehl, Splenda und die zerkleinerten Pekannüsse hinzu und vermische diese gut, bis der Teig für die Kruste entsteht.

5) Trage die Kruste auf ein mit Butter eingefettetes Backblech gleichmäßig auf.

6) Backe diesen nun im Ofen für 5 bis 7 Minuten oder bis dieser braun erscheint.

7) Nimm für die Füllung einen Standmixer und vermische Frischkäse, Eier, Zitronensaft, Sauerrahm, Splenda und flüssiges Vanille darin.

8) Vermische diese solange, bis eine gleichmäßige Masse entsteht. Trage diese Flüssigmischung auf ein Backblech gleichmäßig auf.

9) Platziere die Erdbeeren an den Seiten und auf der Kruste.

10) Backe nun den Käsekuchen bei 120 Grad Celsius für ungefähr 1 Stunde bis 90 Minuten, bis dieser fest geworden ist.

11) Stelle den Kuchen auf die Arbeitsplatte und lass ihn abkühlen.

12) Sobald dieser abgekühlt ist, stelle ihn in den Kühlschrank.

Tipp: Wenn du es servierst, verwende Schlagsahne als Topping.

Nährwertangaben:

☐ Kalorien – 535 kcal

☐ Fett – 49gm

☐ Kohlenhydrate – 9gm

☐ Eiweiß – 13gm

☐ Ballaststoffe – 2gm

Herzhafte Hühner- und Gemüsesuppe

Sie werden feststellen, diese Suppe gekocht, ganzen Tag, aber es dauert nur 30 Minuten zur Vorbereitung. Kühlen Sie Reste im Kühlschrank für bis zu drei Tagen oder im Gefrierschrank bis zu einem Monat, so dass Sie immer einige einerseits für eine schnelle Mahlzeit.

Zutaten:

- 1 Teelöffel Olivenöl extra vergine
- 1 mittelgroße gelbe Zwiebel, gewürfelt
- 1 große Karotte, geschält und gewürfelt
- 1 Stange Sellerie, geschält und gewürfelt
- 2 (6-Unzen) ohne Knochen, ohne Haut Hähnchenbrust, in 1-Inch Stücke geschnitten
- 1 mittelgroße Zucchini, gewürfelt
- 2 gelbe squash, gewürfelt
- 1/2 Tasse gehackte frische Petersilie, plus Extra zum garnieren
- 1 TL gehackter frischer oregano
- 1 TL gehackter frischer Basilikum
- 1/2 TL Salz
- 1/4 Teelöffel frisch gemahlener schwarzer Pfeffer

- 2 Tassen Hühnerbrühe

Zubereitung:

Erhitzen Sie in einer großen, schweren Pfanne das Olivenöl bei mittlerer bis hoher Hitze. Fügen Sie Zwiebel, Karotte und Sellerie und anbraten, unter häufigem Rühren 5 Minuten hinzu. Fügen Sie das Huhn und für weitere 10 Minuten unter häufigem Rühren anbraten weiter.

Fügen Sie die Zucchini und Kürbis, dann Petersilie, Oregano, Basilikum, Salz und Pfeffer.

Für 5 Minuten anbraten reduzieren Sie die Hitze auf Medium und in der Brühe gießen. Abdecken und für weitere 10 Minuten kochen.

Zum servieren, Schöpfkelle in Schalen und mit zusätzlichen Petersilie garnieren.

2 dient.

Spargelpfanne mit Garnelen und Pilzen

Zutaten für 4 Portionen:

- ☐ 6 getrocknete Shiitakepilze
- ☐ 250 g Möhren
- ☐ 750 g grüner Spargel
- ☐ Salz
- ☐ 3 EL Sesamöl
- ☐ 2 Knoblauchzehen
- ☐ 1 rote Chilischote
- ☐ 200 ml Hühnerbrühe
- ☐ 3 EL Austernsauce
- ☐ 150 g geschälte Garnelen
- ☐ Pfeffer

Zubereitung:

Pilze etwa 10 Minuten in warmem Wasser einweichen.

Möhren putzen, schälen und in Stifte schneiden.

Spargelstangen waschen, putzen, im unteren Drittel schälen und schräg in Stücke schneiden.

Spargel in kochendem Salzwasser 5 Minuten blanchieren.

Pilz-Einweichwasser abgießen, harte Stiele entfernen und die Pilzhüte in Streifen schneiden.

Öl im Wok erhitzen.

Knoblauch schälen und würfeln.

Chilischote waschen, putzen, entkernen und fein hacken.

Beides im heißen Öl andünsten.

Abgetropften Spargel, Pilze und Möhrenstifte zugeben und 3 Minuten unter Rühren darin braten.

Hühnerbrühe und Austernsauce angießen und aufkochen.

Garnelen schälen, waschen und 3 Minuten mitschmoren.

Mit Salz und Pfeffer abschmecken.

Knuspermüsli

Zutaten:

100 g Walnüsse

100 **g** Macadamia

100 g Pekannüsse

100 **g**Mandeln

50 **g** Sonnenblumenkerne

50 **g** Chiasamen

50 **g** Kokosflocken

50 **g** Kakaobohnen

150 **g**Birkenzucker **(Xylit)**

50 **g**Kokosspeisefett

Kokosjoghurt

Zubereitung:

Backofen vorheizen auf 150 ° Umluft.

Backblech mit Backpapier auslegen.

Sämtliche Nüsse zusammen mit den Kokosflocken, dem Kakaobohnen und den Samen in eine Schüssel geben und vermengen.

Mixer bereitstellen.

Nun alles zusammen in den Mixer geben.

Alles etwas zerkleinern. Es sollten jedoch noch Stückchen verbleiben.

Dann erneut in die Schüssel zurückschütten.

Nun den Zucker beimischen.

Topf auf dem Herd erhitzen.

Das Kokosfett in den erhitzten Topf geben und schmelzen lassen.

Nun das Kokosfett in die Nussmischung geben und alles gründlich verrühren.

Die gut durchgerührte Masse nun auf das Backblech geben und verstreichen.

Das Blech nun in den Ofen geben und ca. 30 bis 45 Minuten bräunen.

Mit einem Holzlöffel dabei ca. alle 8 Minuten durchrühren.

Man sollte nach ca. 25 Minuten ca. alle 3 Minuten kontrollieren, ob das Müsli bereits fertig ist.

Blech dann aus dem Ofen nehmen und auskühlen lassen.

Dabei in den ersten 40 Minuten weiterhin alle ca. 8 Minuten umrühren.

Wenn das Müsli komplett ausgekühlt ist, kann es in ein verschließbares Gefäß umgefüllt werden.

Morgens in einen Joghurt einrühren und so oder mit Früchten servieren.

2-Ingwer-Möhren-Omelett

Zutaten

400 g Möhren, gestiftet
8 Eier
120 ml Sojamilch
60 g Ingwer, fein geschnitten
8 TL Kokosöl
Pfeffer, schwarz, frisch gemahlen
4 Prisen Salz
2 TL Currypulver
2 Bund Kräuter, frisch, wie z. B. Schnittlauch, Petersilie oder Koriander

Zubereitung

Kochzeit: ca. 15 Min.

Eier und Sojamilch mit einer Gabe l gut mischen, Salz und Pfeffer hinzugeben. Den Ingwer schälen und in sehr dünne Schnitten schneiden. Danach zusammen mit den Möhren stiften in einer Pfanne mit heißem Kokosöl ca. 3 Minuten frittieren. Ab und zu umrühren.

Die Eier-Sojamilch-Mischung hinzugeben und umrühren. Danach Deckel schließen und ca. 8 Minuten garen lassen. Zugleich die Kräuter waschen und kleinschneiden. Das fertige Omelett dann mit Curry und Kräutern verfeinern.

Avocado im Speckmantel

Zubereitungszeit: 25 Minuten

Zutaten für 2 Portionen

1 Bio-Ei

350 g Avocado

120 g Speck in Streifen

20 g Kokosöl

Zubereitung

Das Ei in 8-10 Minuten hart kochen.

Die Avocado halbieren und entsteinen. Das Fruchtfleisch mittels Löffel von der Schale lösen.

Nun 2 Streifen Speck waagerecht oben auf ein Brett legen. Dann 5 Streifen senkrecht darauf legen.

Die Avocado mit dem Ei füllen und beide Hälften wieder verschließen. Dann auf den Speck geben und mit dem Speck umwickeln. Den Speck danach gut andrücken.

Das Öl in einer Pfanne erhitzen und die Avocado rundherum anbraten.

Ist der Speckmantel knusprig, kann die Avocado noch warm serviert werden.

Gefüllte ketogene Hähnchenbrust Tomate Mozzarella

Zutaten für zwei Personen

500 g Hähnchenbrustfilet

125 g Mozzarella

125 g Tomaten

30 g Spinat

Salz

Pfeffer

Zubereitung

Zunächst bereitest du die Zutaten für das Rezept vor und schneidest die Hühnerbrust an einer Seite auf und klopfst es mit dem Fleischhammer platt

Nun noch mit Salz und Pfeffer würzen, dann das Filet mit Tomate, Mozzarella und Spinat füllen

Dies fixierst du dann mit Zahnstochern

Jetzt von beiden Seiten anbraten und anschließend bei niedriger Temperatur ca. 20 Minuten fertig garen lassen

Vor dem Verzehr mit getrockneten Kräutern verfeinern

Nährwertangabe für das Rezept

Kcal	**Kohlenhydrate**	Eiweiß	**Fett**
270	1 g	37 g	9 g

Freitag – Mittagessen

Zutaten für Keto Caesar Salat

200 g Hähnchenbrust

1 EL Olivenöl

Prise Salz und Pfeffer

120 g Speck

½ Römersalat

50 g frisch geriebener Parmesan

Dressing

110 g Mayonnaise

1 EL Dijon-Senf

½ Zitrone, Schale und Saft

2 EL geriebener Parmesan

2 EL fein gehackte Sardellenfilets

Prise Salz und Pfeffer

Zubereitung

Mischen Sie die Zutaten für das Dressing mit einem Schneebesen oder einem Stabmixer. Im Kühlschrank beiseite stellen.

Den Ofen auf 200 ° C vorheizen. Legen Sie die Hähnchenbrust in eine gefettete Auflaufform.

Das Huhn mit Salz und Pfeffer würzen und mit Olivenöl oder geschmolzener Butter beträufeln. Backen Sie das Huhn im Ofen für ca. 20 Minuten oder bis es vollständig durchgegart ist. Sie können das Huhn auch auf in einer Pfanne anbraten wenn Ihnen das lieber ist.

Braten Sie den Speck knusprig. Den Salat zerkleinern und als Basis auf den Teller legen. Legen Sie das geschnittene Hähnchen und den knusprigen, zerkrümelten Speck darauf.

Und zu guter Letzt das Dressing und geriebenen Parmesan drüber geben.

Übersicht pro Portion

Netto Kohlenhydrate: 2% (5 g)

Faser: 4 g

Fett: 79% (102 g)

Protein: 20% (57 g)

kcal: 1191

Frühstückspizza ohne Milch

Zutaten für 4 Personen:

Für den Boden:

8 große Eier

½ Packung Backpulver

2 TL Pizzagewürz

Gehackte italienische Kräuter

Für den Belag:

Tomatenmark

6 Scheiben gekochten Schinken

500g Mozzarella

Zunächst den Backofen vorbereiten. Optimal ist eine hohe Pfanne (Durchmesser etwa 20 cm) oder ein kleines Backblech mit einem hohen Rand. Die Eier trennen und steif schlagen. Danach das Eigelb schaumig rühren und unter die Eiweißmasse heben. Danach die Eiermischung auf das Backblech geben und etwa 18 Minuten bei 170 Grad backen. Danach aus dem Ofen nehmen und mit Öl bestreichen.

Für die Pizzasoße einfach das Tomatenmark mit etwas Wasser verrühren und auf den Boden streichen. Nun den Schinken darauf verteilen. Den Käse klein schneiden und auf die Pizza legen. Nun die Pizza weitere 5 bis 7 Minuten backen, bis der Käse zerlaufen ist.

Bullettproof Kaffee

Zubereitungszeit: 5 Minuten

1 Portion

Der Bulletproof Kaffee (übersetzt: „kugelsicherer Kaffee") ist ein wahrer Energiekick am Morgen und das liegt nicht in erster Linie am Koffein, sondern an den Fetten, die enthalten sind. Vor allem das Fett aus dem MCT-Öl hat eine hohe gesundheitsfördernde Wirkung. MCT steht für mittelkettige Triglyceride. Das sind Fette mit einer sehr geringen Anzahl an Kohlenstoffatomen in jedem Molekül. Weil mittelkettige Triglyceride so klein sind, werden sie schneller verstoffwechselt als langkettige Triglyceride (LCT-Fette). Das ist auch der Grund, warum der Bullettproof Kaffee optimal beim Abnehmen hilft und die Ketose aufrecht erhält. Das MCT wird nicht als Fettreserve im Körper gespeichert, sondern sofort in Energie umgewandelt. Es beeinflusst weder den Blutzucker, noch die Blutfettwerte oder den Cholesterinspiegel.

Als Alternative zum MCT-Öl können Sie Kokosfett verwenden, da dieses häufig als Grundlage zur die Herstellung des MCT-Öls dient.

Zutaten:

2 EL Butter (von guter Qualität, z.B. Kerrygold)

1 EL MCT-Öl oder Kokosöl

Frisch gekochter Kaffee (z.B. Filterkaffee oder Espresso)

Optional: Zimt, Vanille, Kakaopulver, zuckerfreier Sirup oder Süßstoff

Zubereitung:

Frischen Kaffee kochen und in eine Tasse füllen.

Butter und MCT-Öl (oder Kokosöl) in den Kaffee geben und mixen bis alles flüssig ist.

Optional mit Zimt, Vanille oder anderen Dingen verfeinern.

Bitte verwenden Sie keinen Zucker und keine Milch, um die ketogene Wirkung des Bulletproof Kaffees nicht zu zerstören!

Nährwertangaben pro Portion:

345kcal/0g Kohlenhydrate/39g Fett/0g Protein

Pfifferling-Auflauf mit Gemüse

Zutaten für 4 Portionen:

500 g Pfifferlinge

Salz

1 Aubergine

1 Knoblauchzehe

3 EL Öl

1 Lauchstange

3 Fleischtomaten

200 ml Gemüsebrühe

2 Eier

150 g Gouda

Fett für die Form

Zubereitung:

Pfifferlinge putzen, waschen und in wenig Salzwasser etwa 5 Minuten dünsten.

Abgießen und abtropfen lassen.

Aubergine waschen, trocknen, putzen und 15 Minuten ziehen lassen.

Knoblauchzehe schälen, hacken und im erhitzen Öl andünsten.

Die Lauchstange waschen, trocknen, putzen und in Ringe schneiden, die Fleischtomaten waschen, putzen und würfeln.

Nacheinander alles mitsamt den Pfifferlingen zum Knoblauch geben und unter Rühren 3 Minuten schmoren.

Backofen auf 180°C (Umluft 160°C) vorheizen und eine Auflaufform einfetten.

Die Gemüsebrühe angießen, alles aufkochen und vom Herd nehmen.

Etwas abkühlen lassen.

Die Eier verquirlen und unterheben.

Alles in die Auflaufform füllen.

Den Gouda darüber streuen und etwa 25 Minuten überbacken.

Mixer-Pfannkuchen

Zutaten:

1 Tasse Weizen, Vollkorn

2 Esslöffel Zucker

1 ½ Tassen Wasser

2 Esslöffel Milchpulver

1 Esslöffel Flachs Samen, Boden

1 Schuss Salz

2 Teelöffel Backpulver

Anfahrt:

1. Backofen Sie auf 350 Grad F.

2. in einer großen Schüssel hinzufügen, Weizen, Zucker und 1 ¼ Tassen Wasser und Mischung für 1 Minute.

3. Fügen Sie Milch, Flachs Samen, ¼ Tasse Wasser und Salz. Mischung für eine weitere Minute.

4. Fügen Sie Backpulver hinzu und wieder verrühren.

5. Legen Sie auf gefettete Pfanne in Silberdollar Größe Pfannkuchen.

6. Klappen Sie wenn Bläschen zu bilden beginnen.

Pilzomelettes mit Schnittlauchröllchen

Zutaten für 4 Portionen:

- 400 g Champignons
- 1 EL Rapsöl
- 1 Knoblauchzehe
- 8 Eier
- 100 ml Milch
- Salz
- Pfeffer
- ½ Bund Schnittlauch
- 4 EL Créme Fraîche

Zubereitung:

Die Champignons putzen, feucht abreiben, vierteln und in erhitztem Rapsöl goldbraun braten.

Knoblauchzehe schälen, hacken und mitbraten.

¾ der Mischung aus der Pfanne nehmen.

Eier mit der Milch verquirlen, salzen und pfeffern.

¼ der Eiermilch über die Pilze in der Pfanne gießen und bei mittlerer Temperatur etwa 8 Minuten stocken lassen.

In den letzten 3 Minuten mit einem Deckel abdecken.

Das fertige Omelett warm stellen und 3 weitere backen.

Währenddessen Schnittlauch waschen, trocken tupfen und in Röllchen schneiden.

Die fertigen Omelettes mit je 1 EL Créme Fraîche und einem Viertel der Schnittlauchröllchen servieren.

Waffeln

Zutaten:

75 g Mandelmehl

25 g Vanille Proteinpulver

2 **Eier**

120 ml Mandelmilch

2 EL Kokosöl

1 **Vanillebohne**

2 ELErythritol

½ EL Backpulver

Zubereitung:

Rührschüssel bereitstellen.

Mandelmehl, Proteinpulver, Backpulver und Erythritol in die Schüssel geben und vermischen.

Vanillebohne mit einem scharfen Messer zerteilen.

Mark mit der Messerspitze herauskratzen und zu dem Mehl-Gemisch geben.

Erneut aller gut vermischen.

Nun die Eier in einer anderen Schüssel aufschlagen und schaumig rühren.

Dann den Eischaum zu der Mehl-Mischung zugeben und kräftig verrühren.

Topf auf dem Herd erwärmen.

Kokosöl in den Topf geben und schmelzen.

Sodann das Kokosöl ebenfalls zu der Eischaum-Mehl-Mischung geben und vermengen.

Zuletzt die Milch langsam und nach und nach zu der Mischung geben.

Dabei ständig rühren.

Nun den Teig EL-weise in ein Waffeleisen zum Ausbacken geben.

Vegane Protein Pancakes

Zutaten

2 Eier
1 EL Wasser
56g Frischkäse
64g Mandelmehl
1 TL Backpulver
2 TL Vanille Extrakt
1/2 TL Zimt
1/2 TL Stevia, flüssig oder andere Alternative zu Zucker
Butter für die Pfanne
Topping nach Wahl

Zubereitung

Kochzeit: ca. **15** **Min**

1-Alle Zutaten in eine Schüssel geben und miteinander vermischen, bis eine cremige Konsitenz erreicht ist.
2-Für ca. 5 Minuten ruhen lassen.
3-Eine Pfanne erwärmen und etwas von dem Teig in die Pfanne legen, danach ca.3 bis 4 EL.
4-Sobald sich kleine Blasen gebildet haben, Pancake in der Pfanne wenden.
5-Die fertigen Pancakes mit Butter und zuckerfreien Sirup verzieren.

Grüner Smoothie

Zubereitungszeit: 5 Minuten

Zutaten für 1 Portion

1 Apfel

½ Salatgurke

3 Minzeblätter

1 cm frischer Ingwer

1 EL MCT-Öl

1 TL Zitronensaft

100 ml Wasser

Eiswürfel

Zubereitung

In einem hohen Gefäß Apfel, Gurke, Minze, Ingwer und MCT-Öl fein pürieren.

Nun Zitronensaft und Wasser dazugeben und gut mixen.

Die Eiswürfel dazufügen und nochmals gut durchmixen. In 1 Glas füllen und genießen.

Ketogene Mini-Frikadellen

Zutaten für zwei Personen

500 g gemischtes Hackfleisch

1 Ei

1 TL Dijon Senf

1 EL MCT-Öl

1/2 TL Cayennepfeffer

1/4 TL Cumin gemahlen

Salz

Pfeffer

Zubereitung

Am Anfang bereitest du alle Zutaten für das Frikadellen-Rezept vor und vermischt alle (außer MCT-Öl)

Dann wischt du die Pfanne mit dem Öl aus und erhitzt diese

Nun formst du kleine Hackbällchen, legst sie in die heiße Pfanne und brätst sie von beiden Seiten an

Jetzt noch bei kleiner Flamme durchgaren lassen (ca. 10-15 Minuten)

Nährwertangabe für das Rezept

Kcal	**Kohlenhydrate**	Eiweiß	**Fett**
109	0,1 g	9 g	8 g

Keto Meeresfrüchte-Omelett (2 Portionen)

Zutaten

2 EL Olivenöl

150 g Gekochte Garnelen oder Meeresfrüchte-Mix

1 rote Chilischote

2 Knoblauchzehen (optional)

½ Teelöffel Fenchelsamen oder gemahlener Kreuzkümmel

125 ml Mayonnaise

1 EL frischer Schnittlauch oder getrockneter Schnittlauch

6 Eier

2 EL Olivenöl oder Butter

Prise Salz und Pfeffer zum abschmecken

Zubereitung

Grillen Sie die Garnelen oder Meeresfrüchte in Olivenöl zusammen mit gehacktem Knoblauch, Chili, Fenchelsamen, Kreuzkümmel, Salz und Pfeffer. Zur Seite stellen und auf Raumtemperatur abkühlen lassen.

Fügen Sie Mayo und Schnittlauch zu der gekühlten Meeresfrüchte-Mischung.

Die Eier verquirlen. Mit Salz und Pfeffer würzen. In einer Antihaft-Pfanne mit reichlich Butter oder Öl anbraten.

Fügen Sie die Meeresfrüchte-Mischung hinzu, wenn das Omelett fast fertig ist. Danach falten Sie es zum Omelett. Kurz noch in der Pfanne lassen und dann heraus nehmen und sofort servieren

Übersicht pro Portion

Netto Kohlenhydrate: 2% (4 g)

Faser: 1 g

Fett: 86% (83 g)

Protein: 13% (27 g)

kcal: 872

Tzatziki

Zutaten:

31 g Speisequark, 40% Fett

20 g Sahne

45 g Calogen

5 g Öl

50 g Gurke

44 g Zwiebel

1-2 Knoblauchzehen

Gewürze

Kräuter

Zubereitung:

Den Quark mit Sahne, Calogen und Öl gut verrühren.

Zwiebel und Knoblauch schälen und mit der Gurke fein hacken, unter den Quark rühren.

Gewürze und Kräuter zugeben und abschmecken.

Nährwertangaben:

375kcal/4,33g Protein   Kohlenhydrate/37,51g   Fett/5,02g

Zander mit Rucola und Kapern

Zutaten für 4 Portionen:

4 Zanderfilets

Salz

Pfeffer

3 EL Zitronensaft

75 g Butter

1 Knoblauchzehe

1 EL Kapern aus dem Glas

1 Bund Rucola

2 EL Fischfond

Cayennepfeffer

Zubereitung:

Zanderfilets waschen, trocken tupfen, mit Salz und Pfeffer würzen und mit 2 EL Zitronensaft beträufeln.

Butter erhitzen, Knoblauchzehe schälen und hacken, die Kapern abtropfen lassen, Rucola waschen, putzen, trockenschleudern und hacken.

Alles zur Butter geben und so lange dünsten, bis der Rucola zusammenfällt.

Mit dem Fischfond und dem restlichen Zitronensaft ablöschen und mit Salz, Pfeffer und Cayennepfeffer würzen.

Die Fischfilets darauflegen und von jeder Seite etwa 3 Minuten garen.

Mit Rucola und der Kapernbutter servieren.

Pilz Stroganoff

Zutaten:

1 große gelbe Zwiebel, gehackt

8 Unzen wilde Pilze, in Scheiben geschnitten

8 Unzen Weiße Champignons, in Scheiben geschnitten

4 Knoblauchzehen, fein gehackt

4 Esslöffel Vollkornmehl

3 EL Balsamico-Essig

1/2 Tasse Sojamilch

1 Teelöffel Thymian

16 Unzen gekocht fettuccini

Zubereitung:

Erhitzen Sie eine Antihaft-Pfanne bei starker Hitze. 3 Minuten dünsten Sie Zwiebeln.

Pilze und Knoblauch hinzufügen. Kochen, bis die Pilze anfangen, ihre Säfte freizugeben. In das Mehl bestreuen.

Rühren Sie, bis das Mehl gut verrührt. Fügen Sie die Essig und Soja Milch unter Rühren kontinuierlich, bis die Sauce eingedickt ist.

Thymian hinzufügen.

Servieren Sie über die gekochten Nudeln Sauce warm.

Sommerfrühstück mit Erdbeeren und Hüttenkäse

Zutaten für 4 Portionen:

☐ 4 EL Butter

☐ 80 g kernige Haferflocken

☐ 4 EL Zucker

☐ 400 g Erdbeeren

☐ 400 g Hüttenkäse

Zubereitung:

Die Butter in einer Pfanne zerlassen.

Haferflocken mit dem Zucker verrühren und in der heißen Butter unter ständigem Rühren hellbraun rösten.

Auf einen Teller geben und abkühlen lassen.

Die Erdbeeren waschen, trocken tupfen, putzen und vierteln.

Den Hüttenkäse mit den Haferflocken mischen und auf 4 Schälchen verteilen.

Die Erdbeeren darauf legen und servieren.

Italienische Pizza

Zutaten

Für ketogenen Pizzaboden:
2 Eier
2 ELParmesan Käse, gerieben
1/2 TL italienisches Gewürz
Salz nach Geschmack
2 EL ÖL
Für den ketogenen Pizza-Belag:
45g Mozzarella
3 EL Tomatensauce
1 EL frisch gehacktes Basilikum
Schinken

Zubereitung

Kochzeit: ca. 10 Min

1-Alle Zutaten in einen Topf geben. 2-Eier hinzufügen und alles mit dem Pürierstab miteinander vermischen.
2-ÖL in einer Pfanne bei mittlerer Hitze erhitzen.
3-Die Mischung in die Pfanne (Kreisform) geben.
4-Den Backofen auf 180°Grad vorheizen.
5-Pizzakruste auf der gegenüberliegenden Seite für 30-60 Sekunden backen lassen.
6-4,5 EL Tomatensauce über die Pizza verteilen.
7-Den Käse über den Teig streuen, und Pizza wieder in den Ofen stellen.
8-Die ketogene Pizza mit etwas frisch gehackten Basilikum verzieren.

Zucchini-Porridge mit Beeren

Zubereitungszeit: 20 Minuten

Zutaten für 2 Portionen

125 g Zucchini

12 g Kokosöl

100 ml Kokosmilch

¼ l Wasser

6 g Mohn

20 g Hanfsamen

30 g Chiasamen

30 g Kürbiskern-Protein

Vanillepulver

Xylit

50 g Beeren nach Wahl

5 g Kürbiskerne

Zubereitung

Die Zucchini schälen und sehr fein raspeln.

In einem Topf Kokosöl und Kokosmilch erhitzen, das Wasser dazugießen und Mohn, die Samen und Zucchini hineingeben und verrühren. Kurz aufkochen und dann vom Herd ziehen.

Das Proteinpulver einrühren und das Porridge mit Vanille und Xylit abschmecken.

Vor dem Servieren die Beeren und Kürbiskerne darüber streuen.

Ketogener Cheeseburger mit Ei und Speck

Zutaten für zwei Personen

2 Eier

200 g Rinder-Hackfleisch

2 Scheiben Bacon

25 g Mozzarella

50 g Cheddar

1 EL Butter

1 TL Salz

1/2 TL Pfeffer

Zubereitung

Zunächst bereitest du alle Zutaten für das Rezept vor

Dann würzt du das Hackfleisch und formst mit Mozzarella gefüllte Frikadellen-Bällchen

Nun bereitest du 2 Pfannen vor und erhitzt darin je ½ EL Butter bis er flüssig wird

Darin gibst du dann die Burger- Frikadellen und brätst sie durch

In der zweiten Pfanne brätst du den Bacon knusprig

Nun legst du die Silikonförmchen (Roundy Egg Ring Forms) in die Pfanne, schlägst jeweils ein Ei auf und gibst es in die Formen

Während die Spiegeleier fertig garen, legst du den Speck auf das durchgebratene Burger-Fleisch

Darauf legst du dann den Cheddar-Käse und lässt ihn schmelzen

Dann nimmst du es aus der Pfanne und richtest es auf einem Teller an

Zum Schluss legst du noch das Spiegelei obendrauf und würzt es je nach Bedarf mit Pfeffer und Salz

Nährwertangabe für das Rezept

Kcal	Kohlenhydrate	Eiweiß	Fett
549	1 g	35 g	45 g

Pfannkuchen mit Frischkäse (4 Portionen)

Zutaten

5 Eier

250 g Hüttenkäse

Prise Salz

1 EL gemahlenes Psylliumschalenpulver

Butter oder Kokosöl, zum Braten

Belag

225 g Frischkäse oder Ricotta

2 EL grüner Pesto oder roter Pesto

2 EL Olivenöl

½ rote Zwiebel, dünn geschnitten

Prise Meersalz

Prise Pfeffer

Zubereitung

Frischkäse, 1 EL Olivenöl und Pesto in einer Schüssel vermischen und beiseite legen.

Eier, Quark, Salz und Flohsamenschalenpulver mit einem Mixer zu einem glatten Teig rühren und für 10 Minuten ruhen lassen.

In einer Pfanne mit Butter oder Olivenöl bei mittlere Hitze die Pfannenkuchen-Mischung hinzugeben und 2-3 cm große Pfannkuchen formen. Immer wieder mal wenden bis sie auf beiden Seiten goldbraun sind.

Die Frischkäse Mischung auf die Pfannkuchen geben und ein paar rote Zwiebelwürfel dekorieren. Mit Salz und Pfeffer und etwas Olivenöl abschmecken.

Übersicht pro Portion

Netto Kohlenhydrate: 6% (7 g)

Faser: 2 g

Fett: 77% (38 g)

Protein: 16% (18 g)

kcal: 445

Gratinierte Zucchini Fächer

Zutaten für 4 Portionen

8 mittlere Zucchini

Salz, schwarzer Pfeffer aus der Mühle

4 Dinkel Toastbrotscheiben

4 EL frisch geriebenen Parmesan

½ Bund Basilikum

60-80 ml Olivenöl

Zubereitung:

Die Zucchini waschen und der Länge nach fächerartig sechs- bis siebenmal ein - aber nicht durchschneiden. Anschließend in eine große Gratinform legen und auseinander drücken. Mit Salz und Pfeffer würzen.

Die Toastscheiben fein hacken und mit dem Parmesan mischen. Die Basilikumblätter in feine Streifen schneiden und hinzufügen.

Alles über die Zucchini streuen und diese großzügig mit Olivenöl beträufeln. Im auf 200°C vorgeheizten Ofen auf der zweituntersten Schiene etwa 20 Minuten backen.

Flanke Steak-Spinat-Salat

Flanke Steak ist eine besonders schlanke Schnitt, wodurch es eine hervorragende Wahl für gelegentliche Mahlzeiten wenn Sie rotes Fleisch bedienen wollen. Einbeziehung in einen Salat macht das Fleisch, und Ihre Lebensmittel-Dollar, viel weiter zu gehen.

Zutaten:

- 1 Pfund Flanke steak

- 1 Teelöffel Olivenöl extra vergine

- 1 Esslöffel Knoblauchpulver

- 1/2 TL Salz

- 1/2 Teelöffel frisch gemahlener schwarzer Pfeffer

- 4 Tassen Baby-Blattspinat

- 10 Kirschtomaten, halbiert

- 10 Cremini- oder weiße Champignons, in Scheiben geschnitten

- 1 kleine rote Zwiebel, in dünne Scheiben geschnitten

- 1/2 rote Paprika, in dünne Scheiben geschnitten

Heizen Sie den Grill. Ein Backblech mit Alufolie.

Reiben Sie die Spitze der Flanke Steak mit Olivenöl, Knoblauch, Salz und Pfeffer und lassen Sie sich 10 Minuten unter dem Grill platzieren. Grillen Sie für 5

Minuten auf jeder Seite für ziemlich selten. Lassen Sie das Fleisch auf ein Schneidebrett für 10 Minuten ruhen.

Unterdessen in einer großen Schüssel kombinieren Sie, Spinat, Tomaten, Champignons, Zwiebeln und Paprika und werfen Sie gut.

Um zu dienen, teilen Sie den Salat unter 4 flache Teller. Schneiden Sie das Steak auf der Diagonalen und legen Sie 4 bis 5 Scheiben auf jeden Salat. Mit Ihrem Lieblings-Vinaigrette servieren. Zutaten für 4 Personen

Rotkohlgemüse mit Nüssen und Créme Fraîche

Zutaten für 4 Portionen:

- 700 g Rotkohl
- 3 EL Dinkelmehl
- 2 EL Butter
- 500 ml Gemüsebrühe
- Salz
- Pfeffer
- 1 TL Zitronensaft
- 100 g Créme Fraîche
- 2 EL gehackte Haselnüsse

Zubereitung:

Rotkohlblätter waschen, trocknen, putzen und in feine Streifen hobeln, dabei die harten Strünke entfernen.

Dinkelmehl in der heißen Butter anschwitzen, die Gemüsebrühe angießen und mit Salz, Pfeffer und Zitronensaft würzen.

Rotkohlstreifen 5 Minuten in der Sauce erwärmen.

Créme Fraîche unterrühren.

Gehackte Haselnüsse in einer Pfanne ohne Fett rösten, über die Rotkohlpfanne streuen und sofort servieren.

Lamm aus dem Ofen

Zutaten:

160 g Okraschoten (oder grünen Spargel)
160 gAubergine

2 ELOlivenöl

1 **EL** Butterschmalz

1Rosmarinzweig

1Lammfilet

Paprikapulver, **edelsüß**

Cumin (Kreuzkümmel) **gemahlen**

Fleur de Sel

Zubereitung:

Backofen vorheizen auf 200 ° Umluft.

Backblech mit Backpapier auslegen.

Die Okraschote sowie die Aubergine gründlich waschen.

Die Enden der Schote abschneiden.

Die Schote nun der Länge nach halbieren.

Aubergine zerteilen und dann in kleine Würfel schneiden.

Die Schoten und Auberginen auf das Blech legen.

Mit Paprika, Kümmel und Fleur de Sel bestreuen.

Nun mit Öl betreufeln.

Gemüse-Mischung vermengen.

Blech für ca. 20 Minuten in den Ofen.

Pfanne mit dem Butterschmalz auf dem Herd erhitzen.

Rosmarinzweig in die Pfanne legen.

Das Lamm mit Fleur de Sel würzen und in die Pfanne geben.

Von Beiden Seiten scharf anbraten.

Sodann herausnehmen und 5 Minuten ruhen lassen.

Zum Servieren das Lamm zusammen mit dem Gemüse auf einen Teller geben.

12-Bacon-Brokkoli Salat

Zutaten

2 große Brokkoli-Köpfe
200g Bacon
35g Schalotten
200g Mayonnaise
2 EL Weißweinessig
3 EL flüssig Stevia oder ein anderes Süßungsmittel
1 TL Sesamöl

Zubereitung

Kochzeit: ca. 15 Min

1-Den Bacon kurz anbraten, bis er beginnt, schön knusprig zu werden.

2-Den Brokkoli und die Schalotten in Stücke schneiden.
3-Die Zutaten für das Dressing (Mayonnaise, Weißweinessig, Süßungsmittel und Sesamöl) miteinander vermischen.
4-Alles in eine große Salatschüssel geben.
5-Den Salat mit den knusprigen Bacon Würfeln verzieren

Keto Tassenbrot

Zubereitungszeit: 5 Minuten

Zutaten für 2 Portionen

1 Bio-Ei

100 ml Milch

35 g Mandelmehl

5 g Lupinenmehl

1 TL Guarkernmehl

1 TL Backpulver

1 Prise Meersalz

Zubereitung

Das Ei und die Milch verquirlen. Die übrigen Zutaten vermischen und zur Milch geben. Daraus einen glatten Teig rühren.

1 große Tasse gut einfetten und den Teig hineinfüllen. Die Tasse in die Mikrowelle stellen und bei 800 Watt etwa 3 Minuten erhitzen. Nach jeder Minuten die Tür für kurze Zeit öffnen.

Das Brot auf einen Teller stürzen. Sollte es noch feuchte Stellen haben, weitere 30-60 Sekunden in der Mikrowelle erhitzen.

Ketogener Schellfisch mit Pistazienkruste

Zutaten für zwei Personen

1 Römersalatherz

0,5 kleiner Kopf Radicchio

1 kleine Handvoll Rucola

0,5 rote Zwiebel

1 EL Zitronensaft

4 EL Olivenöl

2 EL Apfelsaft

Salz

Pfeffer

6 Kapernäpfel

5 Artischocken

400 g Schellfischfilet

40 g Pistazien

Zubereitung

Salate waschen, putzen und verlesen. Römersalat zerzupfen, Radicchio in feine Streifen schneiden. Beim Rucola die langen Stiele abschneiden. Salate vermischen und auf zwei Teller verteilen. Zwiebel schälen und in halbe Ringe schneiden. Diese auch hinzugeben.

Für das Dressing wird Zitronensaft, 2 EL Olivenöl, Apfelsaft, Salz und Pfeffer kräftig verquirlet. Kapernäpfel und Artischocken abtropfen lassen und auf beiden Tellern anrichten.

Schellfisch abspülen, trocken tupfen und in 6 gleich große Stücke zerteilen. Pistazien fein hacken und auf einem Teller auslegen. Fischstücke panieren. Das restliche Öl in einer beschichteten Pfanne erhitzen und die Fischstücke darin pro Seite 2 Minuten bei kräftiger Hitze knusprig braten.

Vorbereitetes Dressing über die Salate gießen. Fischstücke darauf anrichten.

Nährwertangabe für das Rezept

Kcal	Kohlenhydrate	Eiweiß	Fett

335	8 g	48 g	13 g

Paleo Brot

Zutaten

200 g Mandeln oder Haselnüsse

200 g Kürbiskerne

75 g Leinsamen

75 g Sesamsamen

110 g Sonnenblumenkerne

50 g Pekannüsse oder Walnüsse

1 EL Fenchelsamen, zerkleinert

2 TL Salz

6 Eier

75 ml Olivenöl oder Kokosöl, geschmolzen

½ TL Weißweinessig (optional)

Zubereitung

Den Ofen auf 150 ° C vorheizen. Mischen Sie die trockenen Zutaten in einer großen Schüssel. Eier, Essig und Öl dazu geben und gut vermischen.

Legen Sie den Teig in eine antihaftbeschichtete oder eingefettete Brot Form, etwa 12 x 24 cm. Für eine Stunde im Ofen lassen. Das Brot im Ofen lassen, den Ofen ausmachen und die Backofentür offen lassen. Erst wenn das Brot vollständig abgekühlt ist aus dem Ofen nehmen.

Übersicht pro Scheibe

Netto Kohlenhydrate: 4% (3 g)

Faser: 4 g

Fett: 81% (24 g)

Protein: 15% (10 g)

kcal: 266

Slow Cooker Rindfleisch-Eintopf

Zutaten:

4 Pfund ohne Knochen unten Runde, gehackt

3 bis 4 Esslöffel Mehl

2 EL Olivenöl

2 große gelbe Zwiebeln, gehackt

2 Tassen gehackte Karotten

4 Tassen gewürfelte Kartoffel Yukon gold

1 (6-Unzen) Dose Tomatenmark

2 Tassen Rindfleisch, Lager oder Brühe

1 Tasse Rotwein, trocken

Salz und Pfeffer nach Geschmack

Anleitung:

(1) Erhitzen Sie das Öl in einer großen Pfanne bei mittlerer Hitze.

2. werfen Sie das Fleisch mit dem Mehl, dann die Pfanne – kochen für 2 bis 3 Minuten anbräunen hinzufügen.

3. kombinieren Sie Rindfleisch, Zwiebeln, Tomatenmark, Möhren und Kartoffeln in einem langsamen Kocher.

4. Rühren in den Wein und Rindfleisch Suppe bis alles gut vermischt, dann bedecken den slow Cooker.

(5) bei schwacher Hitze kochen Sie für 7 bis 8 Stunden oder bei starker Hitze für 4 Stunden, bis das Fleisch durchgegart ist.

6. würzen mit Salz und Pfeffer abschmecken und heiß servieren.

Grill Hähnchenspieße

Zutaten für 2 Portionen:

- 350 g ausgelöste Hühnerkeulen
- 1/2 EL Fenchelsaat
- 1/2 EL Koriandersaat
- 1/3 TL Kümmelsaat
- 2 Pimentkörner
- 1 getrocknete Chilischoten
- 1 Stücke Langer Pfeffer
- 1/2 TL grobes Meersalz
- 1/2 TL brauner Zucker
- 1/2 EL edelsüßes Paprikapulver
- 1/2 EL getrockneter Oregano
- 1/2 EL getrockneter Thymian
- 1/4 TL gemahlener Macis
- 1/3 TL Knoblauchpulver
- 1 rote Zwiebel
- 1 rote Spitzpaprika

☐ 8 Holzspieße

Zubereitung:

Für die Trockenmarinade (Dry rub) rösten Sie Fenchel-, Koriander- und Kümmelsaat, Piment, Chili und langen Pfeffer in einer Pfanne ohne Fett an, bis die Gewürze zu duften beginnen.

Lassen Sie diese Abkühlen und mahlen Sie alles mit zusätzlich dem Meersalz, Zucker, Paprikapulver, Oregano, Thymian, Macis und Knoblauch im Mörser sehr fein.

Vierteln Sie als nächstes die Zwiebeln längs, putzen Sie die Paprika, halbieren Sie diese längs, entkernen und in Stücke schneiden.

Nun schneiden Sie das Fleisch in ca. drei cm große Würfel und vermengen es mit der Hälfte des Dry rubs. Stecken Sie jetzt das Fleisch und das Gemüse abwechselnd auf 12 Spieße, geben Sie diese auf den heißen Grill und grillen Sie die Spieße für 12–15 Minuten von allen Seiten an.

Servieren Sie die Hähnchenspieße mit der BBQ-Sauce. Bonustipps zur Zubereitung

Räucherholz: Wenn Sie Ihrem Fleisch oder Fisch ein ganz besonderes, rauchiges Aroma geben möchten, können Sie dem Brennmaterial auch Räucherholz beigeben.

Die kleinen Holzklötzchen oder -chips gibt es in verschiedenen Geschmäckern – von schwer rauchig bis süßlich mild und sind im Baumarkt erhältlich.

Hähnchen Blumenkohl Auflauf

Zutaten:

244 g Hähnchenschenkel ohne Haut

112 g Cheddar

120 g Sahne hoher Fettanteil

140 g Blumenkohl

45 g Lauch

56 g Tomate

28 g Butter ungesalzen

16 g Keto Pesto
1 TLSalz

½ TLPfeffer

Zubereitung:

Backofen vorheizen auf 180 ° Umluft.

Eine Pfanne mit Butter auf dem Herd erhitzen.

Bei den Hähnchenschenkeln das Fleisch von den Knochen lösen.

Das Fleisch in kleinere Streifen schneiden.

Die Streifen in der heißen Pfanne ca. 7 Minuten braten.

Dabei regelmäßig wenden.

Die Streifen sollen goldbraun sein.

Die Streifen mit Salz und Pfeffer abschmecken.

Eine Schüssel bereit stellen.

Die Sahne in die Schüssel geben.

Das Pesto zugeben und alles gut verrühren.

Eine Auflaufform bereitstellen.

Die gebratenen Streifen in die Auflaufform geben.

Die Sahne-Pesto-Mischung darüber verteilen.

Die Tomaten waschen.

Den Lauch sowie die Tomaten und den Blumenkohl in kleine Stücke zerteilen.

Die Stücke dann ebenfalls in die Auflaufform geben.

Den Käse raspeln und über die Gemüse-Hühnchen-Masse geben.

Die Auflaufform in den Backofen geben und ca. 30 Minuten backen lassen.

Avocado-Salsa

Zutaten
5 Avocados
0.5 TL Bio-Limetten
4 EL Limettensaft
3 EL Olivenöl

Salz
Pfeffer
1 kleine Zwiebel
1 rote Chilischote
1 Tomate
1 El gehackter Petersilie

Zubereitung

Arbeitszeit: ca. 20. Min
1-Von 1 Bio-Limette 0,5 TL Schale zart einreiben.
2-4 El Limettensaft ausdrücken und mit 3 El Olivenöl, Salz und Pfeffer mixen.
3-1 kleine Zwiebel in feine Würfel schneiden und 1 rote Chilischote halbieren, von den Kernen trennen und auch in kleine Würfel schneiden .4-1 Tomate vierteln, entkernen und in feine Würfel schneiden
5-1/2 reife Avocado schälen und in kleine Stücke schneiden.
6-Alles mit der Vinaigrette und 1 El gehackter Petersilie vermengen und zum Spargel servieren.

Champignon-Salat

Zubereitungszeit: 20 Minuten

Zutaten für 2 Portionen

1 Salatkopf nach Wahl

250 g Champignons

200 g durchwachsener Speck in Würfeln

1 Zwiebel

2 EL Olivenöl

4 EL Weinessig

2 TL Senf

Meersalz, Pfeffer

Zubereitung

Den Salat waschen und in mundgerechte Stücke zupfen. Die Champignons in Scheiben schneiden.

In einer Pfanne den Speck knusprig braten, dann herausnehmen und auf Küchenkrepp abtropfen lassen. Nun die Pilze ins Bratfett geben und anbraten.

Die Zwiebel schälen und klein würfeln. Dann mit Öl, Essig, Senf, Salz und Pfeffer zu einer Vinaigrette rühren. Die Pilze unterheben und mit dem Salat vermischen.

Den Speck darüber streuen und servieren.

Frühstückspizza (4 Portionen)

Zutaten

Pizzateig

125 ml Whey Isolate nicht aromatisiertes Proteinpulver

½ Teelöffel Backpulver

½ TL granulierter Knoblauch

½ TL Salz

½ TL italienische Würze

75 g geriebener Parmesankäse

75 g Mozzarella

50 g Frischkäse

4 EL Olivenöl

1 Ei

Belag

110 g Frischkäse

4 EL ungesüßte Tomatensauce

2 Eier Rührei

225 g italienische Wurst

125 ml gehackter Speck

225 g (475 ml) geschredderter Cheddar-Käse

Zubereitung

Den Ofen auf 190 ° C vor heizen.

Vermischen Sie alle Zutaten für den Teig in einer großen Rührschüssel. Der Teig wird eher wie ein dicker Teig sein

Ein Backblech oder Pizzastein mit Pergamentpapier auslegen. Verwenden Sie einen Holzlöffel oder eine Spatel, um den Teig aus zulegen oder in mehrere Teile schneiden, das liegt ganz bei Ihnen.

Den Teig 9 bis 12 Minuten backen lassen oder bis er goldbraun ist.

Danach den Teig aus dem Ofen nehmen und mit Ihrem Liebling Belag belegen.

Danach die Pizza mit dem Belag in Ofen geben, wenn der Käse geschmolzen ist und Ihr Belag die richtige bräune hat herausnehmen.

Übersicht pro Portion

Netto Kohlenhydrate: 3% (7 g)

Faser: 1 g

Fett: 75% (79 g)

Protein: 22% (51 g)

Frischkäse mit Butter Kürbis Pfannkuchen

Zutaten: für den Kürbis butter

- 1/2 El 100 % Kürbis
- 3 El ungesalzene butter
- 1/16 Teelöffel Stevia im Rohzustand

Zutaten: für die Pfannkuchen

- 2 Unzen Frischkäse
- 2 El Kokosnussmehl
- 2 Eiern
- Eine Prise Kürbiskuchen Gewürz

Anleitung:

1. Stellen Sie die Kürbis Butter durch das Mischen von Butter und den Kürbis. Mikrowelle für mindestens 10-Sekunden-Intervallen. Die Stevia hinzufügen.

2. Legen Sie die Pfannkuchen. Die restlichen Zutaten vermischen: glatt rühren.

3. Kochen Sie Pfannkuchen auf einer Antihaft Pfanne mit ungesalzene Butter eingefettet. Kochen Sie jede Seite für ca. 30 Sekunden oder bis Sie leicht braun.

4. servieren Sie mit Kürbis Butter. Viel Spaß!

Knusperfisch auf Rauke

Zutaten für 2 Personen:

☐ 1 große, reife Avocado

☐ schwarzer Pfeffer aus der Mühle

☐ 200 g Seelachsfilet

☐ 1 Bund Rauke

☐ 2 Zitronen - nur der Saft

☐ 1 EL Olivenöl

☐ 1 Schalotte

☐ 4 EL Gemüsebrühe

☐ 2 Tropfen Sesamöl

☐ Jodsalz

Zubereitung:

Spülen Sie bitte den Seelachsfilet ab, danach trocken tupfen. Nun in Stücke schneiden. Diesen beträufeln Sie mit 1 EL Zitronensaft.

Die Avocado halbieren Sie, danach schälen, und bitte in Spalten schneiden.

Würfeln Sie die Schalotte fein.

Die Rauke Spülen Sie bitte gründlich ab, schütteln und trocknen Sie diese ab. Nun in kleine Stücke zupfen.

Das Öl erhitzen Sie in einer beschichteten Pfanne, braten den Fisch darin knusprig an. Nun noch salzen und pfeffern.

Wenn dieser fertig ist, nehmen Sie den Fisch aus der Pfanne heraus.

Die Schalotte verrühren Sie bitte mit Zitronensaft sowie Brühe im Bratfond.

Nun können Sie die Avocado, Rauke und den Fisch anrichten. Zum Schluss beträufeln Sie alles mit ein wenig Dressing.

Wraps

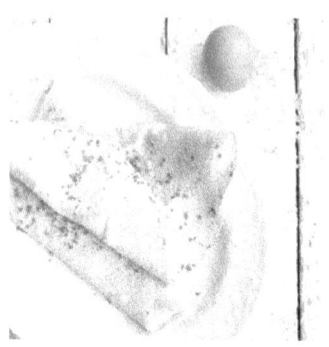

Zutaten:

1 große Eier
1 hart gekochte Eier, gepellt
1 EL frischer Koriander, gehackt (nach Geschmack auch andere Gewürzkräuter, oder auch Frühlingszwiebeln)
¼ TL feines Meersalz
1 TLKokosöl

Zubereitung:

Topf mit Wasser auf dem Herd erhitzen.

Ei in das Wasser geben und ca. 8 Minuten hart kochen.

Gegebenenfalls kann auch ein Eierkocher genutzt werden.

Mixer bereitstellen.

Rohes Ei in den Mixer aufschlagen.

Gekochtes Ei schälen und ebenfalls in den Mixer geben.

Koriander (bzw. nach Geschmack auch Zwiebel oder andere Kräuter) sowie Salz ebenfalls in de Mixer geben.

Das Ganze gründlich mixen.

Es muss eine eher cremige Konsistenz haben.

Pfanne (am Besten antihaftbeschichtet) mit dem Kokosöl auf dem Herd erhitzen.

Teig in die heiße Pfanne geben und Pfanne dann so schwenken, dass der Teig gut verteilt und recht dünn verlaufen ist.

Den Teig ca. 3 – 4 Minuten ausbacken und nicht (!) wenden.

Teig auf einen Teller zum abkühlen geben.

Der Wrap kann nach Belieben entweder so gegessen oder mit Keto-Dressing bzw. Salat oder anderen Keto-Füllungen zubereitet werden.

Tomaten mit Ziegenfrischkäse und Zwiebeln

Zutaten
2 Tomaten
50 g Ziegenfrischkäse
½ Schalotte
1 El Olivenöl
Petersilie
Meersalz
Pfeffer

Zubereitung

Arbeitszeit: ca 15 Min

Tomaten waschen, trocknen und in zwei Stücke teilen. Stielansatz herausschneiden und Tomaten in Schnitten schneiden. Petersilie waschen, trocken und Blätter vom Stiel trennen.
Schalotte schälen und in dünne Schnitten schneiden.

Keto Brat Halloumi Käse mit Pilzen (2 Portionen)

Zutaten

300 g Pilze

300 g Halloumi Käse

75 g Butter

10 grüne Oliven

Prise Salz und Pfeffer

125 ml Mayonnaise (optional)

Zubereitung

Die Pilze waschen und in Scheiben schneiden.

In einer Pfanne mit Butter den Halloumi-Käse und die Pilze für 4-5 Minuten anbraten bis sie goldbraun sind. Mit Salz und Pfeffer würzen.

Wenn nötig, fügen Sie mehr Butter hinzu und braten Sie die Halloumi für einige Minuten auf jeder Seite. Rühren Sie die Pilze hin und wieder. Verringern Sie die Hitze gegen Ende.

Mit Oliven servieren.

Übersicht pro Portion

Netto Kohlenhydrate: 3% (7 g)

Faser: 2 g

Fett: 80% (74 g)

Protein: 17% (36 g)

kcal: 830

Türkisches Menemen (Rührei)

4 Portionen

Vorbereitung 15 Minuten

Zubereitung 20 Minuten

6 Eier

Salz

20 g Butter

1 Schuss Milch 3,5%

400 g Kirschtomaten

200 g grüner Spitzpaprika

1 kleine Zwiebel

10 ml Olivenöl

1 Hand Petersilie

1. Eier in eine Schüssel geben, verrühren, einen Schuss Milch zugeben und salzen.

2. Kirschtomaten halbieren, Spitzpaprika und Zwiebel in Würfel schneiden und in dem Olivenöl scharf anbraten.

3. geben sie etwas Butter in eine Pfanne und lassen Sie diese zerlaufen. (Die Pfanne darf nicht zu heiß werden!) Geben Sie das verquirlte Ei hinzu und schaben Sie mit einem Gummischaber das Rührei, wenn es anfängt zu stocken, immer vom Pfannenboden ab. (Achten Sie das das Rührei nicht zu trocken stockt da es bis zum Servieren noch nachzieht!)

4. geben Sie das fertige Rührei auf eine Platte und hacken Sie die Petersilie grob.

5. erhitzen Sie nun das Olivenöl in einer Pfanne und schwitzen Sie die Zwiebel, den Paprika und die Tomaten scharf an und würzen Sie alles mit Salz und Pfeffer.

6. Geben sie nun alles auf das Rührei. Und bestreuen Sie das Rührei mit frischer Petersilie.

Tipp: schmeckt hervorragend mit den o.g. Sonntagsbrötchen!

Zoodle Salat et Speck Bleu

Zutaten:

- 1/3 Tasse dicken Bleu Käse
- 4 Tassen Zucchini Nudeln
- 1 Tasse frischen Babyspinat
- 1/3 Tasse zerbröckelte Bleu Käse
- 1/2 Tasse zerbröckelte Speck

Schritte:

Blanchieren Sie die Zucchini Nudeln und den Babyspinat. Top Witz zerbröckelte Speck. Werfen Sie in die zerbröckelte Blauschimmelkäse und dicken Bleu Käse. Viel Spaß!

Erdbeeren süß-würziger Balsamico-Zoodle

Zutaten: für den Salat:

- 1 Tasse Zucchini Nudeln
- 1piece große Erdbeere
- 1 El herbed Ziegenkäse
- 1 Esslöffel Pistazien

Zutaten: für das Dressing:

- 4 Erdbeeren
- 2 El Avocado-Öl
- 2 El hochwertiger Balsamico-Essig
- 1/2 TL gehackter Knoblauch
- Salz und Pfeffer nach Geschmack

Schritte:

1. werfen Sie den Salat Zutaten: zusammen in eine Schüssel geben.

2. Mischen Sie das Dressing Zutaten: zusammen cremig in der Konsistenz.

3. in das Dressing zum Salat mischen. Genießen.

Italienisches Huhn

Für 6 Personen

Zutaten: ¾ Tasse Pilze, 1kg in dünne Scheiben geschnittenes Hähnchenbrust, 2 Esslöffel Pesto, ¾ Tasse Marinara, ¼ Teelöffel Salz, ½ Tasse rote Paprika, ½ Tasse grüne Paprika, ¾ Tasse Zwiebel, 1 Esslöffel Olivenöl

Zubereitung:

1. Drücken Sie die Saute Taste an Ihrem Schnellkochtopf und fügen Sie Paprika, Olivenöl, Salz und Zwiebel in den Topf hinzu.
2. Kochen Sie, bis das Gemüse weich ist, für 3-4 Minuten. Dann fügen Sie Pesto, Hühnchen und die Marinara Soße hinzu.
3. Das aufgetaute Hühnchen 12 Minuten lang bei hohem Druck und lassen dann den Druck schnell entweichen.
4. Das Hähnchen auf ein Schneidebrett oder einen Teller geben und mit zwei Gabeln zerkleinern.

5. Entfernen Sie mindestens die Hälfte der Brühe aus dem Topf, aber lassen Sie das Gemüse drin. Jetzt Pilze hinzufügen und anbraten, bis die Pilze weich sind oder 2-3 Minuten.
6. Nach etwa 2-3 Minuten das Huhn wieder in den Kochtopf zurückgeben und mit anderen Zutaten vermischen. Servieren und genießen.

Nährwertangaben pro Portion: Kalorien 153, Kohlenhydrate: 6.4gr, Fett: 11.2gr, Protein: 7.6gr

Mini – Nuss – Pancakes

Arbeitszeit: ca. 20 Min.
ca. 29 g Fett, ca. 17 g Eiweiß, ca. 5,5 g Kohlenhydrate

Zutaten (1 Person)

2	mittelgroße	Eier
60	g	Frischkäse
1	EL	Nussmus

Zubereitung

Heizen Sie den Ofen auf 150°C (Umluft) vor und machen Sie gleich danach an die Trennung der Eier. Das Eiweiß soll zu Eischnee geschlagen und das Gelbe mit dem Frischkäse aufgeschlagen werden. Den Eischnee heben Sie dann vorsichtig unter die Frischkäsemasse. Ebenso das Nussmus beimengen. Mit einem Esslöffel verteilen Sie nun auf mit Backpapier ausgelegten Blechen großzügige Kleckse, welche anschließend etwa 15 Minuten lang in den Ofen kommen.

Danach lassen Sie sie auf den Backblechen erkalten. Diese Cookie – ähnlichen Brötchen können Sie sowohl herzhaft, als auch süß belegen.

Guten Appetit!

Feldsalat mit geräuchertem Tofu

Zutaten für 4 Portionen:

- 1 Sellerieknolle
- 350 g Feldsalat
- 150 g geräucherter Tofu
- 2 EL Olivenöl
- 200 ml Gemüsebrühe
- 2 EL Himbeeressig

Zubereitung:

Sellerieknolle waschen und im Ganzen in kochendem Wasser 20 Minuten garen.

Abgekühlt schälen und raspeln.

Feldsalat waschen, trockenschleudern, putzen und verlesen.

Geräucherten Tofu in heißem Olivenöl knusprig braten.

Gemüsebrühe erhitzen und leicht abgekühlt mit dem Himbeeressig verrühren.

Alle Salatzutaten auf Tellern anrichten und mit dem Dressing anrichten.

ketogene Brötchen

für 4 ketogene Brötchen: Ofen auf 175 Grad Umluft vorheizen

210 g gemahlene und blanchierte Mandeln

35 g Flohsamenschalen

½ Packung Backpulver und 1 Teelöffel Salz vermengen, 4 Eiweiße drunter mixen, während des Rührens nach und nach 200 ml heißes Wasser zugeben, 4 Brötchen formen und auf ein mit Backpapier ausgelegtes Backblech legen, 40 – 50 min. backen

Tropischer Fruchtquark

1 Portion

Zutaten:

½ TL Kokosflocken

10 g Cashews

1 Maracuja

1 Kiwi

½ TL Honig

200 g Magerquark

etwas Milch

1. Den Quark in eine Schüssel füllen und für eine bessere Konsistenz einen Schuss Milch hinzufügen. Beides gründlich verrühren und mit dem Honig die nötige Süße verleihen.

2. Die Kiwi schälen und würfeln, die Maracuja halbieren und das Innere herauslöffeln. Die Früchte unter den Quark heben und diesen mit den Nüssen und den Kokosflocken bestreuen.

Champignon Suppe

Zutaten:

1 Scheiben Frühstücksspeck, in 0,5 cm große Würfel geschnitten

1 EL Schalotten oder Zwiebeln, gehackt

½ TL gehackter Knoblauch oder die Zehen einer Knolle Knoblauch-Confit

225 g kleine Champignons, geputzt und geviertelt oder in Scheiben

½ TLgetrockneter Thymian

240 ml Hühnerknochenbrühe, selbst gemacht oder gekauft

½ TL feines Meersalz

¼ TLfrisch gemahlener schwarzer Pfeffer

1 große Eier

1 EL Zitronensaft

Zum Garnieren:

frischer Thymian

MCT-Öl oder natives Olivenöl extra, zum Beträufeln

Zubereitung:

Topf auf den Herd stellen und erhitzen.

Speck in kleine Würfel schneiden.

Speck Würfel dann in den Topf geben und ca. 4 Minuten knusprig braten.

Speck dann aus dem Topf nehmen und zur Seite geben.

Schalotte oder Zwiebel schälen und klein zerhacken.

Knobi schälen und klein zerhacken.

Sodann die Zwiebel mit dem Knobi in den gleichen Topf geben und ca. 3 Minuten anbraten.

Pilze säubern und klein schneiden (je nach Lust in Scheiben oder halbieren)

Pilz Stücke nun ebenfalls in den Topf geben.

Thymian zu den Pilzen geben und ca. 8 Minuten braten.

Nun die Brühe zuschütten.

Mit Salz und Pfeffer abschmecken und die Mischung aufkochen lassen.

In einer größeren Schüssel das Ei aufschlagen.

Zitronensaft zum Ei geben und alles gründlich vermischen.

Sodann ganz langsam und vorsichtig ca. 60 ml der heißen Suppe aus dem Topf mit in die Ei-Mischung unterrühren.

Alles gründlich verrühren.

Dann nochmals langsam weitere ca. 60 ml der Suppe in die Ei-Mischung rühren.

Nun die Ei-Suppen-Mischung aus der Schüssel zurück in den Topf geben.

Jetzt den gebratenen Speck zur Suppe geben.

Bei geringer Flamme ca. 8 Minuten köcheln lassen.

Mit einem Holzlöffel öfter umrühren.

Die Suppe dann in eine Suppenschale füllen.

Vor dem Servieren mit Thymian und MCT-Öl garnieren.

Zoodles mit Soße

Genau wie Reis können auch Nudeln ganz wunderbar aus Gemüse gemacht werden. Die Zoodles sind einfach zuzubereiten und das Grundrezept ist nach Lust und Laune ersetzbar oder zu ergänzen. Dabei erinnern die in Streifen geschnittenen Zoodles tatsächlich an Nudeln.

Zutaten:

- 1 große Zucchini
- 2 EL Olivenöl
- 2 große oder 3 kleine Tomaten
- 1 Zwiebel
- Knoblauch nach Geschmack
- 100 ml passierte Tomaten
- 1 Paprika
- 100 Gramm Feta

Zubereitung:

Die Zucchini waschen und mit einem Messer oder leichter mit einem Sparschäler in lange Streifen schälen. Der innere Kern lässt sich nicht mehr gut schälen. Dieser Teil kann in Stücke geschnitten und zur Soße hinzugefügt werden.

Für die Soße die Tomaten, Paprika, Zwiebeln und den Knoblauch in kleine Stücke schneiden oder hacken.

Das Öl in einer Pfanne erhitzen und die Zwiebel darin anbraten. Jetzt alles Gemüse außer die Zucchinistreifen dazugeben und mit passierten Tomaten ablöschen. Mit Salz, Pfeffer und Gewürzen nach Geschmack abschmecken und ein wenig köcheln lassen.

Zucchinistreifen in einem Topf mit heißem Wasser für zwei Minuten kochen lassen und abgießen. Mit der Soße und dem Fetakäse in kleinen Stücken servieren.

Russischer Feinkostsalat

Zubereitungszeit: 25 Minuten

Zutaten für 3 Portionen

250 g festkochende Kartoffeln

100 g Erbsen

100 g Möhren

2 Bio-Eier

250 g Kochschinken

100 g Essiggurken

350 g Mayonnaise

1 EL mittelscharfer Senf

2 EL gehackte Petersilie

Je 2 Prisen Meersalz und Pfeffer

Zubereitung

Die Kartoffeln und Möhren schälen und mit den Erbsen gar kochen lassen. Die Eier in 8-10 Minuten hart kochen. Danach alles in kleine Würfel schneiden.

Kochschinken und Gurken klein würfeln und mit den anderen vorbereiteten Zutaten vermengen.

Nun Mayonnaise, Senf und Petersilie untermischen und den Salat 15 Minuten durchziehen lassen.

Fisch mit Cashewsauce und Tomaten (4 Portionen)

Zutaten

800 g Weißfisch

4 EL Butter oder Olivenöl

1 TL Paprikapulver

Prise gemahlener Kreuzkümmel

Prise gemahlener Zimt

Prise Cayennepfeffer

450 g Tomaten

250 g Frühlingszwiebeln

100 ml frischer Koriander (optional)

Prise Salz und Pfeffer

Cashew-Soße

75 g Cashewnüsse

125 ml leichtes Olivenöl

60 ml Wasser

1 EL Zitronensaft

½ TL Zwiebelpulver

½ TL Salz

Prise Cayennepfeffer

Zubereitung

Für die Zubereitung der Cashew-Soße füge man Nüsse zusammen mit den anderen Soßenbestandteilen, außer dem Öl, mit einem Mixer alles glatt mixen.

Fügen Sie Öl hinzu und etwas weiter pürieren. Wenn Sie eine hellere Textur wünschen, fügen Sie etwas mehr Wasser oder Öl hinzu.

Die Tomaten und die Zwiebel klein hacken. Bei mittlerer Hitze anbraten, bis das Gemüse eine schöne Farbe bekommt.

Den fein gehackten Koriander oder andere frische oder getrocknete Kräuter unterrühren. Beiseite legen.

Den Fisch abtrocknen und Würzen. In Butter oder Öl bei mittlerer Hitze einige Minuten auf jeder Seite braten.

Übersicht pro Portion

Netto Kohlenhydrate: 7% (13 g)

Faser: 4 g

Fett: 71% (60 g)

Protein: 23% (43 g)

kcal: 770

Ketogener Burger Rezept für 4 Portionen:

Zutaten:

800 g Hackfleisch

30 g Butter oder Olivenöl zum Braten

Salz und Pfeffer

50 g geschredderter Salat

1 Tomate

1 rote Zwiebel

8 EL Mayonnaise*

150 g gekochter Speck

Zubereitung:

Die Gewürze schon mal vermischen in einer Schale, während das Brot backt. Den Salat zerkleinern, Tomaten und Zwiebel dünn schneiden und den Speck anbraten.

Das Hackfleisch in einzelne Hamburger formen und entweder grillen oder braten. Mit Salz und Pfeffer würzen, wenn die Hamburger fast fertig sind.

Die Brote halbieren und eine großzügige Menge Mayonnaise auf beide Hälften verteilen.

Eiweißomelett mit Pilzen

Nährwerte:

Kohlenhydrate: 1.8 g

Fett: 30.1 g

Protein: 12.6 g

kcal: 316

Vorbereitungszeit:

5 Minuten

Kochzeit:

10 Minuten

Zutaten:

(1 Person)

3 Eiweiß

1 Champignon

 2 EL Olivenöl

Salz und Pfeffer

etwas Schnittlauch

Zubereitung:

1.) Erhitzen Sie eine Pfanne und geben Sie 1 EL Olivenöl hinein.

2.) Trennen Sie in der Zwischenzeit die Eier und schneiden Sie die Champignon in Scheiben.

3.) Braten Sie im nächsten Schritt die Champignon-Scheiben von beiden Seiten an.

4.) Geben Sie nun den zweiten EL Olivenöl sowie das flüssige Eiweiß hinzu.

5.) Warten Sie ein paar Minuten, bevor Sie das Eiweißomelett wenden.

6.) Nach Belieben mit Salz und Pfeffer würzen.

Blaubeer- Pancakes (Vegetarisch)

515 kcal|5g Kohlenhydrate|48g Fett|16g Eiweiß (pro Portion)

Zutaten für 3 Portionen:

2 Eier

15g Frischkäse

50g Sahne

30g Blaubeeren

1 EL Kokosöl

Zubereitung:

Als Erstes die Eier in eine Schüssel schlagen und zusammen mit dem Frischkäse verquirlen.

Öl in einer Pfanne erhitzen und den Teig esslöffelweise hineingeben. Danach von beiden Seiten anbraten bis die Pancakes eine goldgelbe Farbe bekommen haben.

Nun, die Sahne in ein hohes Rührgefäß geben und steif schlagen.

Die Pancakes auf einem Teller anrichten und mit Sahne und Blaubeeren garnieren.

Schmackhafte Feta-Souvlaki-Spieße

2 Portionen

Vorbereitung 1 Stunde

Zubereitung 15 Minuten

100 g Feta

½ rote Zwiebel

1 Knoblauchzehe

1 milde Chilischote

1 TL getrockneter Thymian

Salz und Pfeffer

Olivenöl

½ Zitrone

3 Stängel Petersilie

½ TL getrockneter Rosmarin

1 TL getrockneter Oregano

2 gelbe Paprika

150 g Schweinenacken

1. Schneiden Sie den Feta in ca. 2 cm große Würfel. Zerkleinern Sie Zwiebeln, Knoblauch, Chili und geben Sie alles mit 3 TL Olivenöl, Thymian und etwas Salz in eine Schüssel. Stellen Sie alles in den Kühlschrank, bis es weitergeht.

2. 1 EL Zitronensaft auspressen und diesen mit fein gehackter Petersilie, 1 EL Olivenöl, Rosmarin und Oregano vermischen. Großzügig mit Salz und Pfeffer würzen. Schneiden Sie das Fleisch in etwa 3 cm große Würfel und bestreichen Sie es von allen Seiten mit der Marinade. Alles für mindestens 1 Stunde oder über Nacht kaltstellen.

3. Schneiden Sie die Paprika ebenfalls in Würfel und stecken Sie diese abwechselnd mit dem Fleisch auf Schaschlikspieße. Mit dem restlichen Olivenöl werden die Souvlaki-Spieße bei mittlerer Hitze etwa 2-3 Minuten von jeder Seite angebraten.

4. Richten Sie die Spieße zusammen mit dem Feta in der Marinade auf zwei Tellern an und genießen Sie ein köstliches griechisches Gericht nach Keto-Art!

www.ingramcontent.com/pod-product-compliance
Lightning Source LLC
Chambersburg PA
CBHW071445070526
44578CB00001B/221